Blockchain

Una Guía Esencial Para Principiantes Para Comprender La Tecnología Blockchain, Criptomonedas, Bitcoin y el Futuro del Dinero

© Copyright 2019

Todos los derechos reservados. Ninguna parte de este libro puede ser reproducida de ninguna forma sin el permiso escrito del autor. Los reseñantes pueden citar pasajes breves en los comentarios.

Cláusula de exención de responsabilidad: Ninguna parte de esta publicación puede reproducirse o transmitirse de ninguna forma ni por ningún medio, mecánico o electrónico, incluidas fotocopias o grabaciones, ni por ningún sistema de almacenamiento y recuperación de información, ni transmitirse por correo electrónico sin la autorización escrita del editor.

Si bien se han realizado todos los intentos para verificar la información provista en esta publicación, ni el autor ni el editor asumen ninguna responsabilidad por los errores, omisiones o interpretaciones contrarias del contenido aquí presente.

Este libro es solo para fines de entretenimiento. Las opiniones expresadas son solo del autor y no deben tomarse como instrucciones u órdenes de expertos. El lector es responsable de sus propias acciones.

El cumplimiento de todas las leyes y normativas aplicables, incluidas las leyes internacionales, federales, estatales y locales que rigen las licencias profesionales, las prácticas comerciales, la publicidad y todos los demás aspectos de realizar negocios en los EE. UU., Canadá, el Reino Unido o cualquier otra jurisdicción es de exclusiva responsabilidad del comprador o lector

Ni el autor ni el editor asumen ninguna responsabilidad u obligación alguna en nombre del comprador o lector de estos materiales. Cualquier desaire percibido de cualquier individuo u organización es puramente involuntario.

Índice

INTRODUCCIÓN 1

SECCIÓN 1: EL DINERO COMO LO CONOCEMOS AHORA: EL PASADO Y EL PRESENTE 3
    LA HISTORIA DEL DINERO 3
    LOS ORÍGENES DEL DINERO Y LA BANCA 6
        Funciones Del Dinero 6
        El Dinero en su Forma Primitiva 9
    LA INVENCIÓN DE LAS MONEDAS Y LA BANCA 9
        Uso de la Moneda en la Antigua Grecia 11
    CÓMO SE DESARROLLARON LOS INTERCAMBIOS DE DINERO Y LA TRANSFERENCIA DE CRÉDITO 12
    CÓMO SE INICIÓ LA CENTRALIZACIÓN DE LA MONEDA Y EL MONOPOLIO SOBRE EL ACUÑAMIENTO DEL DINERO 14
        Formas Tempranas de Cheques de Moneda Falsificada 15
    LA INTRODUCCIÓN DEL PAPEL MONEDA 16
    DINERO EN EL PRESENTE: DINERO PLÁSTICO 16

SECCIÓN 2: ENTENDIENDO LA TECNOLOGÍA BLOCKCHAIN 18
    BLOCKCHAIN 101: UNA GUÍA SUCINTA 18
    ¿QUÉ ES LA TECNOLOGÍA BLOCKCHAIN? 19
    HISTORIA DE LA BLOCKCHAIN 23
    UN DESARROLLO CRONOLÓGICO DE TECNOLOGÍAS RELACIONADAS CON BLOCKCHAIN 25
    BENEFICIOS DE LA TECNOLOGÍA BLOCKCHAIN 28
    DESVENTAJAS DE USAR LA TECNOLOGÍA BLOCKCHAIN 31

SECCIÓN 3 40

ENTENDIENDO ETHEREUM ... 40
CÓMO SE DESARROLLÓ ETHEREUM ... 41
CÓMO FUNCIONA ETHEREUM ... 42
LAS POSIBILIDADES DE APLICACIÓN PARA CONTRATOS INTELIGENTES ... 48
MINERÍA: CÓMO FUNCIONA LA MINERÍA ... 52
Cambiando a Prueba de Participación ... *54*

SECTION 4: UNA GUÍA TÉCNICA PARA COMENZAR EN BLOCKCHAIN ... **55**

INTRODUCCIÓN A BLOCKCHAIN: IMPLEMENTACIÓN DE BLOCKCHAIN EN LAS OPERACIONES COMERCIALES ... 55
APLICACIONES BASADAS EN BLOCKCHAIN QUE PUEDE INTEGRAR EN SU NEGOCIO ... 57
CONTRATO INTELIGENTE Y DESARROLLO WEB DE ETHEREUM: UNA GUÍA PRÁCTICA PARA COMENZAR ... 60

SECCIÓN 5: EL FUTURO DEL DINERO: UNA GUÍA DE CRIPTOMONEDAS PARA PRINCIPIANTES ... **73**

ENTENDIENDO LAS CRIPTOMONEDAS Y SU APARICIÓN ... 73
CÓMO FUNCIONAN LAS CRIPTOMONEDAS ... 75
CICLO DE VIDA DE BITCOIN: CÓMO FUNCIONAN LAS TRANSACCIONES DE CRIPTOMONEDA ... 78
CÓMO INVERTIR EN BLOCKCHAIN Y CRIPTOMONEDAS ... 80

CONCLUSIÓN ... **82**

Introducción

Este libro es la guía esencial para principiantes para comprender la tecnología de blockchain, las criptomonedas, bitcoin y el futuro del dinero.

El comercio siempre ha estado en el corazón de la vida del hombre. En los primeros tiempos, el comercio tomó la forma de trueque. A medida que las civilizaciones y el comercio se desarrollaban y florecían, el comercio de trueque ocupaba un segundo plano y la moneda en forma de caracoles y las cuentas de collar pasaron a un primer plano. Debido a que no era del todo claro cuántos caracoles cambiar por X mercancía, la sociedad desarrolló varias formas de dinero para complementar el creciente comercio global y la interconexión.

Desde entonces, el dinero ha tomado muchas formas. A principios de los años 1930-40, la época de la prospección cowboy y del oro, el oro era el estándar y el gobierno federal tenía toneladas de oro almacenados en la Reserva Federal. A medida que pasaba el tiempo y la sociedad cambiaba e interactuaba libremente, surgió la necesidad de formas de dinero más fáciles de transportar. Así es como se crearon las tarjetas de crédito y la banca en línea.

Hoy, sin embargo, una nueva forma de moneda, las criptomonedas, está cambiando nuestra visión del dinero, el comercio global y nuestro almacenamiento e interacción con el dinero.

En esta guía, discutiremos todo lo que hay que saber sobre las criptomonedas, su impacto en el futuro del dinero y el comercio, y lo más importante, cómo puede prepararse usted para la tecnología disruptiva que es el blockchain.

Sección 1: El Dinero Como lo Conocemos Ahora: El Pasado y El Presente

Antes de que podamos discutir el papel disruptivo que juegan las criptomonedas en el futuro del dinero, tenemos que mirar la historia del dinero, porque en esta historia aprendemos por qué surgieron monedas como bitcoins, altcoins, Litecoins y otras criptomonedas que utilizan la tecnología blockchain.

Comprender cómo surgió el dinero y cómo lo usamos en el pasado nos ayudará a entender cómo y por qué las monedas que usan la **tecnología blockchain** están revolucionando el dinero y cómo lo usamos.

La Historia del Dinero

El dinero tal como lo conocemos hoy no es una cosa, per se. Hoy en día, el dinero es una serie de tecnologías interconectadas que se han desarrollado a lo largo del tiempo a partir del trueque, las cuentas de collar, el oro, las monedas y luego el papel moneda.

En relación con lo que los expertos tienen que decir sobre nuestro uso histórico del dinero, surgen dos ideas principales. La primera es que, como se indicó anteriormente, la necesidad de moneda, es decir, dinero, surgió de problemas con la fiabilidad del comercio de trueque. Al hacer transacciones, era imposible saber si lo que usted canjeaba valía lo que daba a cambio. El otro teorema es que los gobiernos son responsables de crear dinero como una forma de saldar la deuda. Ambas ideas tienen mérito. Aquí esta el porqué.

Si observa la idea del comercio de trueque y la remonta a sus raíces (que fue hace mucho tiempo), la historia que usted revelará es una en la que cambiar un producto por otro estaba a la orden del día. Por ejemplo, si John Doe era un fabricante de ollas y, al acercarse el invierno, necesitaba mantas, acudiría a Jane Smith, una tejedora, y si ella necesitaba ollas, harían un trueque.

Como puede imaginar, este tipo de comercio tenía un elemento de desigualdad en el sentido de que no había una tasa acordada previamente a la cual realizar el trueque. Una olla grande se podría comerciar por 2, 5, 10 o incluso 20 mantas, dependiendo del temperamento y la desesperación de los comerciantes. Esto significaba que esta forma de comercio estaba abierta a la manipulación porque, en un caso en el que usted tenía ollas y deseaba frazadas desesperadamente, pero no podía encontrar a alguien con quien comerciar a un ritmo favorable, terminaría intercambiando sus ollas por menos de su valor.

Como puede ver, tal desigualdad y dificultad de comercio precipitaron la introducción de estándares, que es cómo, según la historia, el hombre decidió encontrar una manera conveniente de comerciar al crear un estándar usando cosas valiosas como cuentas de collar, caracoles y monedas. Esta estandarización significaba que los artículos específicos tendrían un estándar comercial. Por ejemplo, un cerdo, pollo o incluso X cantidad de ollas y mantas se traducirían en una cantidad específica de algo valioso. Por ejemplo, un cerdo se cambiaría por X cantidades de cuentas de collar.

La segunda teoría, la de los gobiernos que forman dinero como una manera de amortiguar la deuda, también tiene cierto mérito en el hecho de que muchos antropólogos están de acuerdo en que las formas más antiguas de dinero, tal como las conocemos ahora, surgieron en Mesopotamia hace unos 5.000 años.

Los antropólogos postulan que los burócratas que dirigen el palacio real crearon las primeras unidades de dinero como una forma de medir los salarios, liquidar las deudas entre los terratenientes y los comerciantes, y calcular multas e impuestos. En esta burocracia, el dinero tomó una forma estandarizada como pesos de plata. El gobierno de la época se encargó de determinar el valor de la plata no basándose en el valor del metal, sino en su propio interés. Desde una perspectiva más amplia, esta historia también tiene cierto fundamento en la verdad. Aquí esta el porqué:

Cuando observa nuestro uso del dinero en la vida moderna, puede ver que la regulación de los billetes de banco por parte de los gobiernos de todo el mundo es muy similar a la que hizo el gobierno mesopotámico hace miles de años y, por lo tanto, esta regulación del gobierno mesopotámico podría muy bien ser el inicio de las monedas centralizadas.

Estas dos cuentas de cómo el dinero se creó se complementan mutuamente porque nos permiten ver lo diferente que entendemos el dinero y el papel que tiene que desempeñar en el comercio y en la sociedad en general.

En la versión de trueque, el dinero se desarrolló espontáneamente sin ninguna intervención gubernamental, y por necesidad a medida que cambiaba el comercio entre individuos. Por otro lado, la cuenta antropológica postula que una institución pública, el gobierno o una parte de la misma, es responsable de desarrollar el dinero como una forma de ayudar al público a saldar deudas entre sí y al gobierno en forma de impuestos comerciales y arrendamiento de tierras.

Para comprender la historia del dinero en su totalidad, tenemos que profundizar más en por qué esta historia llevó a la formación del dinero y la banca tal como la conocemos y, sin una comprensión adecuada de esto, no podemos entender cómo las monedas del futuro están cambiando todo lo que sabemos sobre el dinero.

Los Orígenes del Dinero y La Banca

Chris Skinner, un destacado comentarista y estratega en los mercados financieros, cree que **la creación de creencias compartidas es lo que llevó a la creación del dinero y la banca** (al menos algunos elementos) porque estas creencias son las que nos unen, nos permiten trabajar juntos y llevarnos bien.

Si le pregunta a un aficionado, la persona promedio que camina en la calle, que defina el dinero, la respuesta que obtiene debe ser muy simple: monedas y billetes. Esta respuesta, aunque sencilla, deja mucho al descubierto. Por ejemplo, ¿qué pasa con las tarjetas de crédito, cheques y oro? ¿Estos no cuentan como formas de dinero?

El punto aquí es que, a lo largo de la historia, e incluso hoy, el dinero ha tomado muchas formas y tipos. Por ejemplo, como hemos discutido anteriormente, el dinero ha tomado la forma de cosas como cuentas de collar, ámbar, huevos, cuero, oro, zappozats y muchas otras formas como marfil, sal e incluso hilos. Esto hace que sea imposible definir el dinero en términos de propiedades físicas. Para definir el dinero, tenemos que definirlo usando sus varias funciones.

Funciones Del Dinero

Las funciones del dinero son vastas. Además de los usos comunes como medio de intercambio, medios de pago y almacenamiento de valor, el dinero también es una unidad de cuenta, una medida común de valor y un estándar de pagos diferidos. Desde una perspectiva macroeconómica, el dinero también es un activo líquido, un controlador de la economía, un marco del sistema de asignación de mercado en términos de precios y un factor causal en la economía.

A partir de estas funciones definidas del dinero, puede ver que no todas las cosas utilizadas como dinero sirven para todas estas funciones y que una forma particular de dinero puede cambiar drásticamente a lo largo del tiempo. En relación con esto, Glyn Davies, autor del popular libro, **Una Historia del Dinero desde la Antigüedad Hasta la Actualidad**, y experto en la historia del dinero, dice lo siguiente:

"Lo que ahora es la función principal del dinero en una comunidad o país en particular, puede que no haya sido su función original o principal en el tiempo, mientras que la función secundaria o derivada en un lugar puede haber sido en otra región la original que dio lugar a una función secundaria relacionada..."

Este es un extracto del libro.

Davies llega a la conclusión de que la mejor definición de dinero es la siguiente: *"El dinero es algo que se usa ampliamente para hacer pagos y contabilizar deudas y créditos"*. Esa es la mejor definición de dinero y la que usaremos a medida que profundicemos en esta discusión.

Factores que Llevaron al Desarrollo del Dinero

No podemos discutir el dinero sin discutir los factores causales que llevaron al desarrollo del mismo. Mientras que nuestra discusión anterior sobre el tema lo iluminó parcialmente, tenemos que arrojar más luz sobre ello.

En su libro, Davies implica lo siguiente:

"Contrariamente a la creencia popular y en claro contraste con la explicación antropológica de cómo surgió el dinero, el dinero se desarrolló principalmente por causas económicas."

Dice que, aparte de desarrollarse a partir del trueque, el dinero se desarrolló para fines de tributo, para servir como comercio y dinero de soborno, y para ritos ceremoniales y religiosos. Él va más allá al afirmar que el dinero también se desarrolló a partir del comercio, la ornamentación ostentosa y como una esclavitud común entre los hombres económicos.

Tras esta ilustración, una de las cosas que podemos derivar es que las mejoras más importantes en el comercio de trueque se produjeron cuando esos intercambios tendieron a seleccionar uno o más artículos en lugar de otros, hasta un punto en el que el artículo ampliamente seleccionado obtuvo una amplia aceptación como el estándar de la calidad y el medio de intercambio preferido.

La razón causal de esto, es decir, la razón por la cual algunos artículos se convirtieron en los artículos preferidos para el comercio de trueque, varía. Algunas de estas razones incluían que los artículos eran más fáciles de almacenar, otros que tenían mayor valor y densidad, que eran más fáciles de transportar y otros porque eran duraderos y se consideraban valiosos. Debido a que los comerciantes aceptaron ampliamente estos productos, se volvieron deseables y, como eran más fáciles de cambiar por otros, se convirtieron en la forma de dinero ampliamente aceptada.

A pesar de que las desventajas del comercio de trueque son parte del catalizador que condujo al desarrollo del dinero, este catalizador fue económico y arqueológico, lingüístico, literal e incluso evidencia tangible de formas primitivas de dinero en muchos mundos antiguos, el trueque juega un papel muy marginal en el desarrollo y origen de las formas más tempranas de dinero.

A partir de este contexto y de la evidencia arqueológica, muchas sociedades han implementado leyes que dictan cómo "pagarían" los que cometen delitos violentos. La palabra *paga* proviene de la palabra latina "pacare", una palabra cuyo significado original es hacer las paces con, apaciguar, o pacificar. Desde un contexto histórico, esto significa que aquellos atrapados en el crimen pagarían a través de una unidad de valor aceptada habitualmente por todos.

Esta explicación aclara lo siguiente: que, en muchas sociedades, se requerirían medios de pago para impuestos, tributos, dinero para esposa y dinero de sangre, todo lo cual lleva al uso generalizado del dinero. Esta explicación también ilustra que el uso del dinero no evolucionó singularmente de las desventajas o el uso del comercio de trueque. Se desarrolló a partir de costumbres profundamente arraigadas, las deficiencias del comercio de trueque, y en la mayor parte del mundo, evolucionó de manera independiente.

El Dinero en su Forma Primitiva

De la documentación histórica, el uso de formas primitivas de dinero en América del Norte y en el Tercer Mundo es mejor que el de Europa. Esta documentación arroja luz sobre los orígenes probables de las formas modernas de dinero.

Como ejemplo, la historia documentada muestra que América del Norte usó ampliamente el **Wampum** y la tradición del **potlatch para el intercambio de regalos**. África utilizó ampliamente las conchas de cowrie, Asia utilizó dientes de ballena, ganado y manillas, y Yap utilizó piedras en forma de disco. En África occidental, las **Manillas** eran objetos metálicos ornamentales usados como joyas y utilizados como dinero incluso en 1949. En América del Norte, el uso del Wampum como dinero provenía de su conveniencia como adorno y, dado que los metales han tenido usos ornamentales a lo largo de la historia, esto podría explicar su aceptación y uso como dinero en muchas civilizaciones.

En el contexto histórico, los dientes de ballena se utilizan como dinero para la esposa en ciertas sociedades de Fiji (algunas sociedades de Fiji todavía los usan hasta la fecha) y su uso tiene el mismo significado que los anillos de compromiso en las sociedades de hoy.

La Invención de las Monedas y la Banca

¿Cuál de los dos, moneda y banca, crees que precedió al otro? En una instancia normal, parecería que las monedas vendrían antes de la banca. Bueno, ese no es el caso, y en realidad, la invención de la banca vino antes que la de las monedas.

La forma bancaria más antigua registrada se originó en Mesopotamia, donde los templos y palacios reales proporcionaban a los necesitados lugares seguros para almacenar sus granos y otros productos que consideraban valiosos. Posteriormente, esta sociedad comenzó a utilizar los recibos emitidos para el almacenamiento de estos objetos de valor, no solo para transferirlos al depositante original, sino también para transferirlos a terceros. Esta configuración floreció tanto que las casas de propiedad privada en Mesopotamia comenzaron a ofrecer operaciones bancarias similares y, en poco tiempo, la familia real comenzó a introducir el **código de Hammurabi**, leyes que regulan estas operaciones bancarias.

Los antiguos egipcios también tenían un sistema similar. Por ejemplo, los egipcios implementaron la centralización de la cosecha: almacenaron su cosecha en almacenes estatales, algo que condujo al desarrollo del sistema bancario en esa sociedad. De este sistema, aquellos que hubieran almacenado granos en los almacenes requerirían órdenes escritas antes de retirar su lote de granos o lotes depositados en crédito del rey. Esta se convirtió en la forma generalmente aceptada de pago de las deudas a los recaudadores de impuestos, sacerdotes y otros comerciantes. Mucho después de la introducción de las monedas, el sistema egipcio fue de gran apoyo, ya que ayudó a reducir la demanda de monedas de metales preciosos que de otra forma estarían reservadas para las principales compras extranjeras de carácter militar.

Las conchas hechas en China a partir de cobre y bronce se encuentran entre las formas más antiguas de dinero contable. Los chinos también produjeron monedas de otras cosas como azadones, cuchillos, espadas y otros objetos ampliamente aceptados como formas de dinero. En la antigua Grecia, los griegos usaban clavos de hierro como monedas y, como dice la historia, Julio César consideró a los británicos retrógrados por usar hojas de espada como monedas.

Las cuasi monedas de los primeros días eran demasiado fáciles de falsificar y, dado que eran de bajo valor intrínseco y estaban hechas de metales básicos, no eran convenientes para compras caras.

Los **Lidios**, residentes de **Asia Menor**, se llevan a casa el trofeo por desarrollar una verdadera moneda. Lo hicieron al estampar pequeñas piezas redondeadas de metales preciosos como un signo de su pureza y valor garantizado. Cuando sus habilidades de modelado de metal mejoraron, comenzaron a crear formas regulares de este dinero y, como el peso también era regular, el dinero que crearon se convirtió en un símbolo de valor y pureza. En relación con las primeras monedas acuñadas, los historiadores postulan que esto sucedió entre el 630-640 a.C., y luego se extendió de Lidia a Persia y Grecia continental.

Uso de la Moneda en la Antigua Grecia

Grecia es el hogar de algunos de los acontecimientos históricos más relevantes del hombre. En relación con el desarrollo del dinero, Grecia tenía el **óbol de plata**, una de las formas más pequeñas de monedas griegas. En la Grecia antigua, los estándares de peso variaban según la ubicación. El sistema de peso y medidas también cambió según fue necesario. En relación con esto y utilizando **el estándar de peso y medida del ático**, 6 óbolos de plata equivalían a un **dracma de plata**.

Al igual que hoy, en los primeros días del desarrollo de las monedas, la inflación planteaba un problema. Por ejemplo, en 407 a.C., después de que Esparta asaltara Atenas, tomara el control de las minas atenienses y liberara a más de 20.000 esclavos que trabajaban, Atenas se enfrentó a una grave escasez de monedas. Para rectificar esto, emitieron monedas de bronce que tenían una fina capa de plata. Desafortunadamente, esto empeoró la escasez y dado que las buenas monedas eran valiosas, las personas tendían a guardarlas en lugar de usarlas. Optaron por utilizar las nuevas, lo que llevó a un aumento en el uso y la inflación.

Cómo se Desarrollaron los Intercambios de Dinero y la Transferencia de Crédito

Como puede ver anteriormente, el intercambio de monedas en mundos primitivos como Grecia puede muy bien ser la forma más antigua de banca. Por ejemplo, en Grecia, los cambistas se ubicaban a ellos mismos y a sus mesas en forma de trapecio alrededor de templos y lugares públicos. Los griegos llamaron a estos banqueros *trapezitai*, un nombre derivado de la palabra italiana banca, que significa banco o mostrador, que es de donde proviene nuestro nombre para los bancos modernos.

En estas sociedades tempranas, el cambio de dinero no era la única forma de servicio ofrecida por estos "banqueros". Estos primeros banqueros ofrecían numerosos servicios, entre los cuales se encontraba **bottomry**, un término usado para referirse a los buques que prestan servicios de carga. Los banqueros griegos también desempeñaron un papel en la financiación de la minería y la construcción de edificios públicos.

Al igual que el mundialmente famoso **J.P Morgan**, un financiero estadounidense, **Pasion** era el más famoso y rico de estos banqueros. Cultivó su imperio de negocios al cobrar una lucrativa tarifa por prestar cuencos de plata, mantas, ropa y por poseer la fábrica de escudos más grande de toda Grecia.

Después de la caída de Egipto bajo el gobierno de la dinastía griega, el sistema de almacenamiento bancario que discutimos anteriormente ganó un nuevo nivel de sofisticación. En lugar de ser almacenes dispersos, la dinastía gobernante, luego los **Ptolomeos**, consolidó el almacén para formar una red sofisticada de unidades de almacenamiento de granos al que solo podemos denominar el "banco central" situado en Alejandría. Este "banco central" se convirtió en el hogar de las principales cuentas de registros de todos los bancos estatales de graneros.

El sistema funcionó como una forma de **sistema de Giro** bancario donde los pagos se realizaban mediante transferencia sin la necesidad explícita de cambiar dinero. Como esto fue antes de la invención del **sistema de partida doble**, este método utilizó un sistema en el que los funcionarios a cargo registraron las transferencias de crédito cambiando las diferentes terminaciones de los casos de todos los nombres involucrados. Las entradas de crédito utilizaron el caso posesivo o **genitivo**, mientras que el débito usó el **caso dativo**.

A finales del segundo y tercer siglo antes de Cristo, la transferencia de créditos fue uno de los servicios clave ofrecidos en **Delos**, una isla costera estéril cuyos habitantes tenían que ser ingeniosos para sobrevivir a la esterilidad de sus tierras. Para desarrollar sus actividades financieras y comerciales, utilizaron sus dos mayores activos: el famoso templo de Apolo y el hermoso puerto de la isla. En comparación con Atenas, donde las primeras formas de banca eran exclusivamente en efectivo, Delos tenía un sistema que utilizaba recibos de crédito reales. Los clientes que tenían cuentas podían hacer pagos con instrucciones simples.

Los bancos de Roma imitaron de cerca el formato del banco de Delos después de que los principales rivales comerciales de Delos, Cartago y Corinto, cayeran a merced de Roma. Sin embargo, a diferencia de Delos, los romanos preferían las transacciones en efectivo con monedas. La caída del Imperio romano también trajo consigo la caída de la banca.

La reinvención de la banca ocurrió mucho más tarde en Europa en el momento de las Cruzadas. Más específicamente, las ciudades italianas como Génova, Roma y Venecia, y las ferias medievales francesas encontraron la necesidad de servicios bancarios, ya que tenían que transferir grandes sumas de dinero con fines comerciales. Esta necesidad precipitó el desarrollo de servicios de pago/financieros, tales como las **letras de cambio**.

Si bien los árabes y los judíos pudieron haber usado tales modos de pago ya en los siglos VIII y X, la evidencia definitiva del uso de letras de cambio se encuentra en 1156 en Génova cuando dos hermanos tomaron un "préstamo" de 115 libras genovesas. Los hermanos tuvieron que liquidar a los agentes del banco pagando 460 **bezants** al mes después de llegar a Constantinopla.

La edad de las Cruzadas fue un estímulo para la banca porque, en esa edad, era necesario transferir dinero en efectivo de forma segura para pagar a los aliados y pagar equipos, rescates e incluso suministros. Los Caballeros del Templo y los **Hospitalarios** comenzaron a ofrecer servicios bancarios como los que brindaban las ciudades italianas, como se explicó anteriormente.

Cómo se Inició la Centralización de la Moneda y el Monopolio Sobre el Acuñamiento del Dinero

Si observa la sociedad actual y las reglas que rigen el dinero, se dará cuenta de que los gobiernos de todo el mundo monopolizan la impresión de moneda o papel moneda y que en muchas jurisdicciones la impresión de dinero es ilegal y se castiga con la ley. El monopolio gubernamental sobre la impresión del dinero no es nuevo; tiene una larga historia.

Como ya hemos dicho en más de una instancia, su facilidad de uso y portabilidad es una de las razones por las cuales las civilizaciones de todo el mundo tomaron rápidamente el uso de las monedas. En los casos en que el valor de la moneda no dependía de su peso, los comerciantes no encontraban la necesidad de pesar las monedas; simplemente las aceptaron a su valor nominal. Sin embargo, en las transacciones diarias, contar las monedas era más fácil, más rápido y mucho más conveniente, algo de lo que los monarcas comenzaron a beneficiarse desde el comienzo de la Edad Media.

En su libro, Glyn Davies dice lo siguiente acerca de esto:

"Dado que la moneda real autenticada era el modo de pago más conveniente, la mayoría de las monedas tenían una prima sustancial sobre su valor metálico; en la mayoría de los casos, este valor era lo suficientemente alto como para cubrir el coste de acuñar las monedas. Los reyes convirtieron esta prima en ganancias, por lo que en los primeros días hubo retiros de monedas al por mayor, comenzando con 6 veces al año hasta que se convirtió en 2 veces al año."

Para hacer que el proceso de reciclaje sea esencial y completo, la monarquía solicitaría la consolidación de todas las monedas en un solo lugar para maximizar las ganancias y evitar la competencia de emisiones anteriores (de las monedas). Las autoridades tuvieron que hacer que las muevas emisiones se distinguieran de las anteriores, al mismo tiempo que las nuevas emisiones eran aceptables de forma amplia y general.

El desgaste de las monedas no justificaba el "reciclaje" de estas monedas. Las ganancias de la acuñación lo hicieron. La monarquía inglesa usó estas ganancias (llamadas señoreaje) para complementar los sistemas de impuestos eficientes que habían adoptado de los normandos. Dado que el valor del **señoreaje** dependía de la percepción y la confianza pública en la acuñación de monedas, crearon un sistema elaborado de pruebas.

Formas Tempranas de Cheques de Moneda Falsificada

En su libro, **Una Historia del Dinero desde la Antigüedad Hasta la Actualidad** Glyn Davies dice lo siguiente {no-textual}:

"Cualquier persona en una posición que le permitiera manejar plata y oro, ya fuera un comerciante, un recaudador de impuestos, el Rey, los alguaciles e incluso el fisco real, necesitaba tener dispositivos fiables con los que pudiera probar la autenticidad y la pureza de las monedas que pasaban como divisas."

De todos los métodos utilizados para probar esta autenticidad y pureza hubo un método denominado *bruto y listo*. En este método, aquellos en las posiciones mencionadas anteriormente pasaban las monedas sobre las piedras de toque, como el esquisto y el cuarzo, y examinaban los rastros de color dejados por el metal que hace las monedas. El otro método era un método llamado la **Prueba del Pyx**. Este método involucraba el uso de "agujas táctiles" (24 en número, una para cada uno de los tradicionales quilates de oro y piezas de prueba similares de plata). La prueba pasaba ante un jurado.

A pesar de que los monarcas y los gobiernos implementaron medidas elaboradas para restringir el uso de las falsificaciones, medidas como las que hemos analizado anteriormente, las falsificaciones aún ocurrían a pesar de que el gobierno controlaba la producción de monedas y el suministro de dinero. Este monopolio se rompió después de la introducción del papel moneda y la banca comercial.

La Introducción del Papel Moneda

El primer uso del papel moneda se remonta a China desde el 960 d.C. Una razón para la necesidad de papel moneda en China se produjo en 806-821 cuando, durante el reinado del **Emperador Hien Tsung**, hubo una escasez del cobre utilizado para hacer monedas.

El aumento de la fiabilidad en el papel moneda se produjo cuando China tuvo que agotar su reserva de divisas para comprar potenciales invasores en el norte. El resultado de esto es que, para el año 1020 d.C., la cantidad de papel moneda emitida era tan excesiva que llevó a la inflación.

Dinero en el Presente: Dinero Plástico

Como puede ver, nuestro uso de varias formas de dinero a lo largo de los milenios es extenso. Hoy en día, aunque ya no usamos caracoles, y el comercio de trueque no es una forma común de comercio, todavía usamos papel moneda y, gobiernos y monarcas de todo el mundo lo hacen para controlar las políticas monetarias; esto significa que incluso hoy en día, nuestro uso del dinero **no es tan diferente de lo que una vez fue.**

Hoy en día, aunque todavía usamos monedas y papel moneda, estos también han adoptado otras formas, como tarjetas de crédito y débito y, en cierta medida, dinero inalámbrico, como los que se encuentran en cuentas en línea como PayPal. Hoy en día, las tarjetas de crédito y débito (lo que llamamos dinero plástico) son la forma de dinero más utilizada (no literalmente). La Reserva Federal muestra que más de 609.8 millones de tarjetas de crédito están en uso en los EE.UU. La introducción del dinero plástico ha cambiado cómo llevamos y usamos el dinero.

Con la primera tarjeta de crédito (llamada **tarjeta Diners Club**) producida en la década de 1950, cargar con dinero y pagar las cosas se ha vuelto más fácil. Hoy en día, con la introducción de los servicios de transferencia electrónica de fondos, como la **transferencia bancaria**, el pago, el envío y la recepción de dinero, ahora es más fácil que nunca.

La introducción del internet y su posterior adopción y aceptación también trajeron consigo una forma de moneda disruptiva: *la criptomoneda*.

Ahora que tiene una comprensión clara de cómo llegamos a donde estamos en términos de nuestro uso del dinero, comencemos nuestro viaje hacia el futuro al observar cómo las monedas de hoy (especialmente las criptomonedas) están cambiando nuestra visión, comprensión y uso del dinero en la vida cotidiana, y cómo seguirán haciéndolo en el futuro.

Sección 2: Entendiendo La Tecnología Blockchain

Ha rozado los hombros con términos como Bitcoins, Litecoins, Ethereum, criptomonedas y la tecnología blockchain. Para aquellos que no lo saben, estos términos son confusos. En esta sección de la guía, trataremos de comprender cuáles son estos, desmitificando su tecnología subyacente: *la tecnología blockchain*.

Blockchain 101: Una Guía Sucinta

Si observa el mundo en el que vivimos, una de las cosas que notará es que nuestro mundo está cambiando rápidamente. La llegada de Internet trajo consigo una plétora de cambios imparables. Cambió la forma en que nos comunicamos y, lo que es más importante, la forma en que realizamos las transacciones monetarias.

Mirando la **historia del dinero** como la hemos comentado, se dará cuenta de que incluso a principios del siglo XX, el concepto de enviar dinero electrónicamente desde una computadora o incluso teléfonos móviles era un concepto extraño. Varios inventos tecnológicos han cambiado eso. Una de estas tecnologías es la tecnología blockchain que trajo consigo la popular Criptomoneda Bitcoin (más adelante analizaremos las Criptomonedas). Por ahora, concentrémonos en la tecnología blockchain.

¿Qué Es La Tecnología Blockchain?

Según Wikipedia, **blockchain**, originalmente llamada cadena de bloques, es una lista creciente de registros llamados bloques asegurados y vinculados a través de la criptografía, una forma de comunicación segura.

Wikipedia va más allá al afirmar que cada uno de los bloques en la blockchain tiene un puntero hash, una función especial que se utiliza para asignar datos y vincularlos al bloque anterior, una marca de tiempo fiable que rastrea de manera segura la creación y modificación de tiempo en relación con la creación de datos, y datos de transacciones. Esta explicación nos dice que una blockchain es un libro de contabilidad de distribución abierta y de acceso público que se utiliza para registrar transacciones de forma verificable y permanente.

Para que un libro de contabilidad blockchain sea distribuible, su administración debe estar en una red de igual a igual que se adhiera colectivamente a un protocolo preestablecido para validar nuevos bloques. En computación, un modelo de igual a igual es un modelo en el que la arquitectura de la aplicación que usa el modelo divide las tareas denominadas carga de trabajo a los iguales que usan la red. En este modelo, todos los pares tienen privilegios iguales y, al conectarse, forman una red de igual a igual que consta de nodos.

La tecnología blockchain utiliza un libro de contabilidad distribuido. Esto significa que todos los pares tienen acceso abierto e igual al libro de contabilidad; también significa que, si un par cambia algo en el libro de contabilidad, los cambios serán visibles para todos los pares, ya que la red valida colectivamente la creación de nuevas entradas dentro de la red. Una vez registradas en la cadena, las transacciones son inmutables y un intento de cambiar un elemento del bloque llevará a la alteración de todos los bloques anteriores y posteriores.

En las sociedades modernas, el uso más conocido de la tecnología blockchain es un factor facilitador en la creación y gestión de criptomonedas como Bitcoins, Litecoins y similares, algo que discutiremos más adelante.

En pocas palabras, una blockchain es un libro de contabilidad que se utiliza para registrar transacciones en muchas computadoras o en una red de computadoras. El propósito de esto es asegurarse de que, debido a la distribución de igual a igual del libro de contabilidad, ninguna persona puede realizar cambios encubiertos en el libro de contabilidad. La tecnología encuentra usos variados en los registros y verificación de transacciones en línea.

Este mismo hecho, el hecho de que están descentralizados (ya que ninguna persona tiene control explícito sobre el libro de contabilidad), es una de las diferencias clave entre las monedas fiduciarias (las monedas fiduciarias están controladas por el gobierno y son moneda de curso legal respaldada, como el dólar, la libra, y la mayoría de las monedas del mundo), y todas las monedas que se basan en la tecnología blockchain.

El aspecto de igual a igual de la tecnología blockchain juega un papel central en su uso. Sin los pares que verifican y auditan todas las transacciones, cualquier persona con acceso puede alterar las transacciones, cambiando así todos los aspectos del libro de contabilidad, lo que puede conducir a un posible fallo de la red.

Para que la tecnología blockchain pueda usar el modelo de igual a igual con éxito, el registro y la verificación de todas las transacciones tiene que ser relativamente barato. Para garantizar esto, la tecnología utiliza una colaboración masiva y un interés colectivo para todos los involucrados en la recopilación de los datos en la blockchain.

En el modelo de criptomonedas, uno de los principales usos de la tecnología blockchain, algo que cambia a diario a medida que el mundo comienza a adoptar la tecnología blockchain en otras áreas como la **escritura** y la **salud**, se traduce en compartir los recursos creados después de registrar un bloque completo, algo que llamamos **minería**.

En este modelo, el interés colectivo son las monedas generadas por las transacciones de registro, lo que también conduce a la creación de un nuevo bloque y sus activos residuales, en este caso, criptomonedas en forma de monedas. Los pares también comparten el coste de las transacciones de registro. Debido a que los participantes de la red de pares obtienen recompensas en forma de monedas, el resultado es un flujo de trabajo dinámico en el que, debido a que la red no está centralizada, los que la usan no están demasiado preocupados por las violaciones de seguridad.

Una de las razones por las que la tecnología blockchain está encontrando una amplia adopción en la creación de criptomonedas y activos digitales es su capacidad para eliminar la reproducibilidad infinita de estos activos. Debido a que el propósito del libro de contabilidad descentralizado es garantizar que cada par juegue un papel en la confirmación de que cada transacción ocurra solo una vez, blockchain crea una solución para el doble gasto, un problema de vasta información asociado con los activos digitales. Muchos expertos también describen blockchain como un protocolo de intercambio de valor en el que la finalización del intercambio de valor es más barata y más rápida que los sistemas tradicionales como las transferencias electrónicas.

La base de datos que compone la blockchain tiene dos tipos de registros: bloques y transacciones. Los bloques contienen conjuntos de transacciones válidas hash y codificadas crípticamente en un árbol de Merkle, que en criptografía es una forma de árbol donde un bloque de datos caracteriza a cada nodo de hoja y un hash criptográfico de la etiqueta de nodo secundario caracteriza a los nodos sin hoja. Un árbol hash (o muchos de ellos), permite la verificación segura y eficiente del contenido almacenado en el bloque.

Los bloques individuales tienen un hash del bloque anterior en la cadena de bloques. Este hash entrelaza los dos bloques. Una vez interconectados, los bloques forman una cadena; la cadena hace posible confirmar la integridad del bloque anterior hasta el bloque original. Un cambio singular en cualquiera de estos bloques conduciría a cambios en todos los bloques creados y registrados, y en aquellos que aún no se han constituido.

Dependiendo de cómo los pares utilizan la blockchain (quizás para crear monedas digitales o registrar y verificar datos), algunas aplicaciones basadas en blockchain pueden crear nuevos bloques cada 5 segundos, mientras que otros pueden demorar hasta 10 minutos o más. En otros casos, la producción de bloques separados puede ocurrir simultáneamente. A medida que una blockchain madura, también crece en altura.

Además de usar un historial seguro basado en hash, las blockchains usan un algoritmo específico para calificar diferentes versiones del historial. El resultado de esto es que en los casos en que un bloque tiene un valor más alto que los otros, los pares pueden seleccionar el bloque de mayor valor. Los bloques no incluidos en la cadena terminan huérfanos (llamados bloques huérfanos).

Dado que el interés propio es lo que impulsa a los pares, a pesar de tener diferentes versiones del historial, los pares solo mantienen la versión con la puntuación más alta de la base de datos. Cuando los pares obtienen una versión con mayor puntuación del historial, realizan mejoras en la base de datos que tienen en su poder al sobrescribir o ampliar la información que contiene; luego comparten las mejoras con la red de pares. El aspecto más importante de esto es que, incluso en los casos en que los pares realizan cambios en el historial, la entrada puede no ser la misma o la mejor versión, ya que los pares pueden modificarla.

Por diseño, las blockchains son seguras, ya que utilizan la criptografía. Debido a que utilizan redes de igual a igual, son el ejemplo perfecto de computación distribuida. La descentralización, un elemento clave de la blockchain, significa que encuentra uso en muchas áreas distintas al registro de eventos. Por ejemplo, y como se mostró anteriormente, puede resultar muy útil en la gestión de registros, la trazabilidad de los alimentos, los registros médicos y otras áreas como la gestión de identidades.

Ahora que tenemos una comprensión justa de lo que es la blockchain, veamos cómo surgió.

Historia de la Blockchain

Aunque Satoshi Nakamoto, el creador de Bitcoin, se lleva a casa el trofeo por crear la primera aplicación ampliamente aceptada con la tecnología de blockchain, blockchain tiene una larga historia que le precedió (todavía se lleva el mérito por crear la primera forma utilizable de blockchain. De hecho, la mayoría de las aplicaciones que usan esta tecnología hoy en día utilizan lo que él pudo lograr como punto de referencia).

En 1991, Stuart Haber y W. Scott Stornetta escribieron un artículo que describía una cadena de bloques criptográficamente segura. En el año siguiente, como una forma de mejorar la eficiencia de la capacidad de recopilar varios de los documentos en un bloque, los dos introdujeron los **árboles Merkle**.

En 2008, **Satoshi Nakamoto** conceptualizó la primera forma distribuida del blockchain. En el año siguiente, él implementó esto para crear la moneda Bitcoin. En Bitcoin, la blockchain sirvió para ser el mecanismo de gestión del libro de contabilidad distribuido públicamente para todas las transacciones financieras entre pares. En este sentido, el sistema usó el modelado de igual a igual y una marca de tiempo distribuida para asegurarse de que la administración de la base de datos de Bitcoin permaneciera autónoma. El uso de blockchain en la creación de Bitcoin demostró ser la clave para resolver el problema del doble gasto, algo muy común con las monedas digitales en aquellos días, sin la necesidad de una administración segura.

En su **artículo inicial publicado en 2008**, Satoshi (la identidad de Satoshi aún se desconoce; algunos piensan que es un hombre que vive en Japón, mientras que otros consideran a Satoshi como seudónimo de un grupo), usó los términos bloque y cadena en ocasiones separadas y por separado. Cuando otros empezaron a usar lo que había logrado, utilizaron el término block chain y en 2016, el término se convirtió en uno: blockchain.

En 2014, solo seis años después de la conceptualización de Bitcoin, la primera aplicación que se ejecuta en la tecnología blockchain (Bitcoin y blockchain no son mutuamente exclusivas y, como ya sabe, Bitcoin no es el único uso de la tecnología blockchain), el tamaño de la blockchain de Bitcoin era de más de 20 gigabytes. A medida que aumentó el uso de la moneda, el tamaño del archivo aumentó a más de 30 gigabytes en enero del año siguiente (2015), un tamaño que había aumentado a más de 100 gigabytes en 2017.

El 2014 trajo consigo un nuevo término: blockchain 2.0, un término usado para referirse a aplicaciones (distintas de Bitcoin) que usan la tecnología de blockchain llamada **Ethereum**. Un artículo de opinión publicado en The Economist describió la implementación de estas aplicaciones de nueva generación de la siguiente manera: *"blockchain 2.0 es un tipo de lenguaje de programación que permite a los usuarios escribir contratos inteligentes sofisticados. Estos contratos inteligentes permiten la creación de facturas que se pagan a sí mismas a la llegada de un envío o certificados de acciones que envían automáticamente dividendos a sus propietarios si las ganancias alcanzan un cierto nivel".*

Si bien esta definición es muy cierta, la aplicación de las aplicaciones blockchain 2.0 va más allá de la transacción. Permiten el intercambio de valor entre pares sin la necesidad explícita de intermediarios poderosos, como bancos que actúan como árbitros o que mantienen registros de transacciones o información. Estas aplicaciones permiten que aquellos que de otra manera no tendrían acceso a monedas globales como el dólar o la libra, desempeñen un papel igual en el comercio y la economía global. A través de contratos inteligentes y criptografía, estas plataformas también fomentan la protección de la privacidad (por lo que en sus inicios, los delincuentes en el **sitio web de la Ruta de la Seda** utilizaron Bitcoin como su medio de comercio preferido).

Las aplicaciones que usan blockchain 2.0 hacen que el almacenamiento de la identificación individual y de una persona sea más fácil y seguro. Debido a esto, están ayudando a dar forma al dinero futuro, a la distribución de la riqueza y a aliviar la desigualdad de la riqueza.

Un Desarrollo Cronológico de Tecnologías Relacionadas con Blockchain

No podemos dejar de mencionar que en los 10 años que ha existido la innovación de blockchain, ha pasado por algunos cambios y ha visto la introducción de varias tecnologías nuevas que lo han convertido en lo que es hoy. Aquí se ofrece una visión cronológica de estos cambios:

1. La primera innovación importante de la tecnología se produjo cuando Satoshi presentó Bitcoin, la primera aplicación exitosa en usar la tecnología blockchain. Introducido en un mundo en extrema necesidad de una moneda descentralizada, la amplia adopción de Bitcoins ha hecho que su capitalización de mercado aumente a más de $20 mil millones. Hoy en día, miles de personas en todo el mundo están usando esta moneda basada en blockchain para realizar pagos y compras en línea.

2. Después del desarrollo de Bitcoin, vino el reconocimiento de que la tecnología subyacente podía aplicarse a muchas otras áreas y que la tecnología en sí no era sinónimo de Bitcoins.

Muchas instituciones financieras líderes en el mundo están investigando actualmente cómo pueden integrar la tecnología en sus ofertas financieras y aplicaciones internas. Según una investigación realizada por Fortune.com, **aproximadamente el 15% de los principales bancos** están estudiando cómo pueden integrar la tecnología en sus procesos.

3. La tercera innovación importante en el desarrollo de blockchain fue la introducción de contratos inteligentes. En pocas palabras, un contrato inteligente es un protocolo informático cuyo objetivo es facilitar, hacer cumplir y verificar las negociaciones contractuales. De todos los contratos inteligentes introducidos, la plataforma de blockchain de Ethereum es la más prominente. Hablaremos sobre su desarrollo y aplicación más adelante. Ethereum incorporó múltiples programas de segunda generación en la plataforma de blockchain para permitir la transferencia de préstamos, bonos y otros instrumentos financieros. El desarrollo de **Ethereum surgió por necesidad**.

4. La cuarta innovación, que es la que usan muchas de las aplicaciones de blockchain 2.0 que existen hoy en día, es una prueba de participación. Aplicaciones como Bitcoin (la versión actual de la misma), usan algo llamado prueba de trabajo. En el mundo de blockchain, la prueba de trabajo son datos que son fáciles de verificar en función de ciertos requisitos, pero que son difíciles o costosos de producir. La prueba de trabajo produjo el aspecto de la minería en la que una computadora o grupo de computadoras en red con la mayor potencia informática tomaría las decisiones en eso, dado que tenían la mayor potencia, podían proporcionar una prueba segura de trabajo más rápido para todas las transacciones de blockchain, como las transferencias de criptomonedas o pagos. Por sus servicios, estas computadoras ganan criptomonedas; esto explica por qué la minería de criptomonedas se ha vuelto popular.

Estas cuatro son las principales etapas de desarrollo de blockchain. Los expertos también están de acuerdo en que, en los próximos días, la escala blockchain es otra innovación revolucionaria que cambiará la tecnología blockchain. Aquí es cómo esto se llevará a cabo.

Ya hemos establecido que una blockchain es un libro contable administrado de igual a igual en el que residen las transacciones registradas por las computadoras en la red. Como también hemos visto, el procesamiento de estas transacciones utiliza la potencia de cómputo de cada computadora en la red, algo que ha resultado lento y bastante costoso de administrar (por lo que **la minería de criptomonedas no es tan lucrativa como solía ser**).

Debido a lo anterior, la escala de blockchain, una nueva forma de innovación de blockchain, está al llegar. Esta innovación pretende acelerar la velocidad a la que las computadoras de la red registran los datos en bloques, todo esto sin sacrificar la seguridad o la integridad del bloque. Para hacer esto, la escala de blockchain intenta interrogar a la red para determinar la cantidad de computadoras necesarias para validar transacciones individuales y, al usar este número base, dividir el trabajo en partes iguales entre todas las computadoras en la red. Como puede imaginar, esto conducirá a una mayor eficiencia. Esta tecnología, si llega a buen término, lo que probablemente será muy pronto, rivalizará con tecnologías como SWIFT y VISA, y desempeñará un papel integral en la potenciación del **Internet de las cosas**.

Lo anterior es una representación de cómo ha cambiado blockchain en los últimos 10 años gracias al trabajo de un grupo élite de matemáticos, criptógrafos y científicos de la computación que trabajan para mejorar esta **innovación disruptiva**. A medida que la innovación continúa mejorando, está cambiando muchas cosas sobre cómo vivimos nuestra vida diaria. Por ejemplo, muchos expertos en el campo opinan que, a medida que se produzcan estos avances, el futuro puede vernos **usando tecnologías blockchain para pagar servicios como estaciones de carga y plataformas de aterrizaje para autos y drones automáticos**.

Ahora que estamos hablando de cómo la tecnología blockchain está cambiando el futuro del dinero, no podemos dejar de hablar de **Ethereum**, la otra innovación de blockchain que está cambiando nuestra percepción de la cadena de bloques como una tecnología predominantemente de desarrollo de divisas. Antes de hacerlo, sin embargo, analicemos los beneficios de la tecnología blockchain.

Beneficios de La Tecnología Blockchain

Además de ser la columna vertebral sobre la que descansan las criptomonedas, como Bitcoin, la tecnología blockchain tiene un gran número de usos cuyos beneficios superan a los de las criptomonedas y su creación. Discutamos algunos de estos beneficios antes de hablar sobre Ethereum en la siguiente sección.

La necesidad de blockchain no es tan evidente como lo sería porque, como muchos postulados, puede usar un software o plataforma como Google o bases de datos para registrar transacciones. Si bien las bases de datos no tienen fallos, blockchain ha demostrado ser efectivo y beneficioso. Estos son algunos de sus beneficios clave:

Totalmente Distribuido

Este es uno de los beneficios clave de la tecnología blockchain. Como se ilustra muchas veces en esta guía, los participantes en cualquier aplicación de blockchain, quizás la minería o el comercio de Bitcoin, tendrán acceso a una copia de la blockchain más actual.

También se distribuye la minería de las monedas que utilizan estas tecnologías. Esto significa que, en cualquier momento, ninguna computadora (sin importar cuán poderosa sea) puede dominar la red. Si ese fuera el caso, las computadoras más poderosas harían toda la minería y acapararían todas las monedas creadas sin dejar nada para el hobby minero. La naturaleza distribuida de la blockchain hace esto imposible.

Uso de la Verificación Descentralizada

Hemos hablado sobre cómo se descentralizan las monedas y las aplicaciones que utilizan la tecnología blockchain. Este aspecto de la innovación elimina la necesidad de una autoridad central como un banco central; tener que realizar transacciones a través de una base de datos central puede ser limitante en términos del tiempo en que demora la transacción.

Seguridad Mejorada

En un Internet ampliamente corrupto donde algunas personas utilizan estrategias de blackhat para engañar a los usuarios para que les proporcionen información de su banco y de su tarjeta de crédito, una forma anónima de pagar por bienes y servicios resulta muy útil. Dado que muchos compradores en línea buscan el anonimato por encima de todo lo demás, están recurriendo a las monedas de blockchain como Bitcoins y Ether, ya que estas monedas utilizan algoritmos complejos criptográficamente seguros para registrar todas las transacciones sin comprometer la identidad personal. Para hacer y recibir monedas basadas en blockchain, todo lo que necesita es una dirección. Esto reduce el riesgo de fraude.

Barrera de Entrada Baja

Este es uno de los beneficios clave de la innovación de blockchain: permite que cualquier persona use la red; cualquier persona que tenga una computadora o teléfono inteligente conectado a Internet puede usar blockchain y Bitcoins siempre que él o ella descargue el software del cliente.

Capacidades Transaccionales en Tiempo Real

Esperar tres o más días para que una transacción se refleje en su cuenta bancaria o de cuenta es un problema que muchos usuarios desean evitar siempre que pueden: los consumidores de hoy quieren resultados inmediatos después de realizar cualquier compra; quieren que la transacción se refleje en sus cuentas casi inmediatamente.

La tecnología blockchain hace posible realizar pagos de manera inmediata o en 10 minutos, lo cual, al considerar el tiempo que tardan las tarjetas de crédito en procesar las transacciones, es la mejor opción disponible en la actualidad.

Operaciones y comercio globales mejorados

Teniendo en cuenta que vivimos en un mundo interconectado donde alguien en Estados Unidos puede hacer negocios con alguien que vive en el punto más lejano de África, la necesidad de las transacciones rápidas nunca ha sido tan alta. Las monedas basadas en blockchain mejoran este comercio intercontinental al mejorar la velocidad de las transacciones y reducir las tarifas que se cobran al enviar dinero de una persona o empresa a la otra.

Elimina el problema del doble gasto

Esto es algo de lo que hablamos anteriormente como una de las ventajas clave de la tecnología blockchain. También hemos mencionado que las aplicaciones que utilizan blockchain, utilizan la criptografía para asegurar el sistema y evitar la duplicación de transacciones (especialmente las monetarias) para garantizar que los usuarios del sistema no produzcan dinero de la nada.

El sistema procesa cada transacción una vez antes de ingresarla en un bloque y vincular el bloque a la cadena. Una vez procesado y registrado en la blockchain, el sistema no puede procesar esa transacción nuevamente; esto elimina la redundancia tan común con los registros de la mayoría de los sistemas bancarios modernos. Además, debido a que la disposición de los bloques utiliza una forma lineal y cronológica, el seguimiento de las transacciones se vuelve muy sencillo.

Bajos Costes de Transacción

Una de las razones principales por las que la utilización de las criptomonedas como Bitcoins y Litecoins ha aumentado rápidamente es que la mayoría de estas monedas tienen las tasas de transferencia más bajas que se puedan imaginar. Esto funciona muy bien con los consumidores que buscan ahorrar dinero en tarifas transaccionales cuando compran.

Los enlaces a continuación, muestran cómo calcular las tarifas de transacción para ether y Bitcoins.

https://ethereum.stackexchange.com/questions/19665/how-to-calculate-transaction-fee

https://en.bitcoin.it/wiki/Transaction_fees

https://bitcoinfees.21.co/

Quienes abogan por la tecnología blockchain y lideran su uso, se apresuran a señalar que la aplicabilidad de la innovación va más allá de las transacciones de Bitcoin o financieras. Por ejemplo, muchos de los involucrados se apresuran a señalar que **blockchain desempeñará un papel integral en las elecciones del futuro** (lea más aquí).

Sin embargo, como todas las nuevas tecnologías, hay quienes sienten que la tecnología tiene una buena cantidad de inconvenientes, especialmente su capacidad para adaptarse al rápido consumo y al aumento en el número de transacciones. Dado que la mayoría de las aplicaciones que utilizan esta tecnología crean un promedio de 61 bloques nuevos cada 10 minutos, cada sistema individual crea un promedio de 144 bloques por día. Para los precavidos, esto es algo que consideran problemático porque puede influir en el almacenamiento y la velocidad de la transacción, lo que puede llevar a problemas de actualización y sincronización.

Vamos a desarrollar algunos de los inconvenientes de la tecnología blockchain y discutir sus posibles soluciones:

Desventajas de usar La Tecnología Blockchain

Si bien la blockchain tiene muchos usos y una inmensa cantidad de beneficios, también tiene sus inconvenientes. En esta subsección, veremos estas desventajas y también cómo superarlas:

Rendimiento

El primer problema que muchos señalan rápidamente es el problema del rendimiento. Algunos expertos en el campo de las finanzas señalan que, en comparación con la velocidad de las bases de datos centralizadas, especialmente en relación con los registros de transacciones, la blockchain es más lenta porque, además de registrar una transacción como lo hace una base de datos normal, también tiene que hacer otras tres cosas:

1. **Verificar firma:** Cada transacción de blockchain debe tener una firma digital que use un esquema criptográfico público-privado (un buen ejemplo es la firma **ECDSA**). Sin esta firma, sería imposible probar el origen de las transacciones propagadas en los nodos de la red de igual a igual. Como puede adivinar, la generación y verificación de estas firmas requiere una gran cantidad de potencia de la computadora y, dado que las firmas son complejas, su cálculo puede tardar, lo que ralentiza el registro de las transacciones. En comparación, las bases de datos centralizadas (las normales) no tienen que lidiar con este problema porque, después del establecimiento de una conexión con las bases de datos, elimina la necesidad de una verificación individual de las solicitudes que vienen sobre esto.

Posible solución: Una posible solución para esto es el cambio a la **prueba de participación**, que agilizaría las transacciones y eliminaría la necesidad de tener nodos en la red que verifiquen las transacciones individuales.

2. **Mecanismo de Consenso:** Una de las características clave de blockchain es que supervisa los nodos (computadoras) en la red y, utilizando parte de la potencia informática de la red, se asegura de que los nodos dentro de la red alcancen el consenso. Lograr este consenso significa que tiene que haber una comunicación significativa de ida y vuelta entre todos los

nodos y puede implicar tratar con las bifurcaciones y sus efectos en la blockchain. Esto puede causar una desaceleración del proceso de transacción. Si bien las bases de datos centralizadas tradicionales también tienen que lidiar con transacciones abortadas y conflictivas, debido a que la base de datos está centralizada, estas son pocas.

Posible solución: El mecanismo de consenso tiene que ver con la prueba de trabajo. A medida que el sistema se aleja de la prueba de trabajo a la prueba de participación, está obligado a eliminar los obstáculos que lo acompañan.

Los enlaces a continuación, detallan información crítica sobre los diversos mecanismos de consenso utilizados por varias aplicaciones de blockchain:

https://www.linkedin.com/pulse/types-consensus-mechanism-used-blockchain-munish-singh/

https://bitmalta.com/blockchain-consensus/

3. **Redundancia:** En este sentido, la redundancia no significa necesariamente el rendimiento de nodos individuales en la red; significa la cantidad de potencia informática requerida para computar una blockchain. Cada nodo en la red de blockchain debe procesar cada nodo individualmente, algo que no afecta a las bases de datos centralizadas que procesan transacciones individuales justas. En la red de blockchain, esto significa más trabajo para los mismos resultados, lo que, como puede adivinar, conduce a procesos más lentos.

Posible solución: Una vez más, la mayoría de las aplicaciones y tecnologías de blockchain utilizan pruebas de trabajo para verificar las transacciones. Un movimiento hacia la prueba de participación y otro mecanismo de consenso eliminaría esto y llevaría consigo los inconvenientes.

Para obtener más información sobre el tiempo promedio que tarda la red de blockchain en registrar transacciones, lea el contenido detallado en los enlaces a continuación.

https://coincenter.org/entry/how-long-does-it-take-for-a-bitcoin-transaction-to-be-confirmed

https://bitcoin.stackexchange.com/questions/7323/how-long-does-it-take-on-average-to-receive-one-confirmation-is-it-still-revers

Energía

Muchos han promocionado la tecnología blockchain como la respuesta al calentamiento global porque proporciona una moneda transparente no basada en el consumo. Algunos opinan que la innovación tal como está implementada actualmente, donde los nodos de computadoras distribuidos por todo el mundo tienen que registrar todas las transacciones mediante la prueba de trabajo, deja una huella de carbono masiva porque todas las computadoras de la red tienen que usar energía. De hecho, algunos expertos se apresuran a señalar que la potencia de igual a igual utilizada para procesar Bitcoins es superior a la de las computadoras más rápidas del mundo combinadas.

Posible solución: Una posible solución a esto es alejarse de la prueba de trabajo, eliminando así la necesidad de minar, y pasar a otros mecanismos de consenso que no requieran potencia informática combinada. Si bien esta solución pudiese no llegar pronto, lo hará, y cuando lo haga, cambiará todo.

La otra solución es una compensación entre la seguridad y el tamaño, donde quienes lideran el desarrollo de la tecnología pueden cambiar la seguridad por el tamaño. La desventaja de esto es que, cuantos más nodos tenga en la red, más seguro estará; sin embargo, en un caso en el que usted solo desea una parte de los datos en la blockchain, tal vez sería mejor tener una red más pequeña pero más rápida. Esto significa que las instituciones como los bancos pueden configurar sus redes de blockchain más pequeñas y, al hacerlo, ahorrar en costes de energía y aumentar la tasa de registro de transacciones.

Interoperabilidad

La interoperabilidad, asegurarse de que la red y los datos en ella tengan estándares y no sean un montón de cosas, es una preocupación creciente. Dado que la tecnología de blockchain es de código abierto y cualquiera puede usarla para crear cualquier aplicación de blockchain que desee mientras la modifica en consecuencia, no hay estándares establecidos para la tecnología, y las plataformas de blockchain de la competencia pueden usarla como lo deseen. Los cambios y ajustes individuales hacen que sea imposible para las tecnologías de blockchain que compiten lograr un nivel de interoperabilidad.

Posible solución: Una posible solución para esto sería que todos los desarrolladores de aplicaciones basadas en blockchain logren el consenso y hagan que sus aplicaciones individuales sean compatibles con la web más amplia; pueden hacerlo integrando sus aplicaciones en los procesos y prácticas existentes.

Privacidad

Aunque la mayoría de las aplicaciones que usan la tecnología blockchain como su eje central utilizan la criptografía para proteger los datos, la privacidad es una preocupación clave, ya que la blockchain es un libro de contabilidad visible públicamente. Este nivel de apertura no es lo que cualquiera consideraría la forma más segura de almacenar datos confidenciales.

Como ejemplo, la blockchain/base de datos de Bitcoin tiene un registro de todas las transacciones realizadas en la plataforma. Esta información está abierta para que todos la vean, lo que también significa que cualquiera puede usar la misma información en contra de otra persona. Un caso en cuestión es el Departamento de Trabajo y Pensiones. En mayo de 2016, comenzaron a usar el blockchain para rastrear cómo los solicitantes usan sus beneficios.

Al usted considerar que, cuando realiza transacciones a través de la blockchain de Bitcoin, está publicando su extracto bancario en línea para que todos lo vean, seguramente surgirán preocupaciones de privacidad.

Posible solución: Una posible solución para esto sería utilizar un código criptográfico complejo para asegurarse de que las transacciones sean seguras y que nadie pueda controlar el sistema o usar la información que contiene para poner en desventaja a otra persona. Otra posible solución sería la mezcla de Bitcoin.

El siguiente enlace tiene algunas ideas geniales sobre cómo mejorar la privacidad de la blockchain de Bitcoin (los principios también se aplican a otras tecnologías blockchain).

https://coinsutra.com/anonymous-bitcoin-transactions/

Cambiando Verdades

La blockchain opera bajo la premisa de que toda la información registrada en ella es una verdad eterna y seguirá siéndolo. La realidad, como usted bien sabe, es más extensa que eso. De hecho, algunas jurisdicciones como la UE y el Reino Unido tienen leyes que detallan el derecho a ser olvidado. Por ejemplo, en el Reino Unido, si cambia su género, tiene el derecho de reflejar lo mismo a lo largo de la historia (registros de nacimiento, bautismo, etc.).

Si una institución gubernamental que ofrece servicios gubernamentales, como los registros de nacimiento, utiliza un libro de contabilidad de blockchain, eso significaría que sería imposible cambiar dicha información y hacerlo daría lugar a la creación de una bifurcación, como fue el caso del **proyecto DAO**.

Cifrado

Uno de los puntos principales que hemos mencionado repetidamente es que la mayoría de las aplicaciones en la tecnología blockchain utiliza la criptografía para cifrar la información. Este cifrado crea una serie de problemas. Por un lado, cualquier persona con una clave (tal vez un superusuario, como la persona responsable de crear la aplicación específica de blockchain, es decir, alguien que conozca sus modalidades de trabajo internas) puede acceder a los datos encriptados (también puede hacerlo si la clave se hace pública). El otro problema es que, si alguien pierde la clave que desbloquea la blockchain, esa blockchain sería inútil y difícil, si no imposible de recuperar.

Como lo demostró el acceso ilegal en el proyecto DAO, el cifrado, sin importar lo fuerte que sea, es vulnerable, ya sea a través de la explotación de puertas traseras y lagunas, o mediante el uso de nuevas tecnologías. Por ejemplo, incluso con la inmensa potencia informática de igual a igual, una tecnología como la informática cuántica (una vez desarrollada), puede sorprender la red de igual a igual y dominarla, haciéndola así vulnerable. Por lo tanto, decir que podemos usar la criptografía para cifrar los datos en la blockchain puede no ser suficiente en sí misma, ya que la gente siempre estará buscando formas de descifrar los datos cifrados.

Posible solución: Una posible solución para esto sería asegurarse de que la clave que desbloquea una blockchain encriptada no caiga en las manos equivocadas (lo cual significa que no debería ser pública, lo que en sí misma presenta un problema al ver cómo la blockchain es un libro de contabilidad abierto).

Otra solución para esto es implementar fuertes leyes y estrategias de protección de la privacidad. El siguiente enlace tiene una visión muy valiosa de esto:

https://github.com/ethereum/wiki/wiki/Problems

Entradas Ilegales

Considere una instancia en la que alguien con intenciones maliciosas incrusta datos ilegales en una blockchain. Eso haría que toda la blockchain sea ilegal. También significaría que cualquier persona en la blockchain sería culpable de infringir la ley y, por lo tanto, culpable.

Por ejemplo, James Smith, Jefe de Programa de Laboratorios de ODI y coautor de un informe llamado **"Aplicación De La Tecnología Blockchain en La Infraestructura Global de Datos",** agregó una clave de cifrado ilegal para DVD de alta definición en PlayStation a la blockchain. Hasta la fecha, nadie se preocupa por esto y la blockchain sobre la que descansa la clave de cifrado ilegal está en la máquina de todos.

Descubriendo Información

La base de datos de blockchain tiene implementadas formas de registrar datos (a través del poder de cómputo de los nodos en la red). Sin embargo, el uso de los datos no es tan fácil ya que, para usar los datos, tiene que encontrar los datos que pretende utilizar.

Si bien es posible indexar la blockchain en las bases de datos de búsqueda, encontrar información específica de manera fiable requeriría que los participantes en la red tengan el mismo historial de blockchain almacenado en sus nodos y un índice de búsqueda capaz creado a partir de esta blockchain. Lograr un índice de búsqueda distribuido es algo que la tecnología aún no ha explorado.

Posible solución: Una posible solución para el descubrimiento de información sería tener un sitio con un índice de búsqueda para la cadena. Esto también puede llevar a posibles problemas, ya que no muchos estarían dispuestos a confiar en ese sitio. La solución duradera sería integrar una función de búsqueda capaz en la blockchain.

Los siguientes enlaces enumeran una serie de otros problemas relacionados con blockchain y sus posibles soluciones:

https://appliedblockchain.com/outstanding-challenges-in-blockchain-2017/

https://www.coindesk.com/information/blockchains-issues-limitations/

https://www.kaspersky.com/blog/bitcoin-blockchain-issues/18019/

https://techcrunch.com/2016/02/03/lets-be-honest-about-the-problems-with-blockchain-and-finance/

Ahora que hemos eliminado las posibles deficiencias de la blockchain, analicemos Ethereum, la otra tecnología de blockchain que está arrasando en el mundo y, luego, analicemos cómo puede comenzar a usar la blockchain.

Sección 3

Guía de Ethereum Para Principiantes

Anteriormente, mencionamos que los fallos percibidos de la tecnología de blockchain que se utiliza para crear Bitcoin son los que llevaron a la creación de Ethereum. ¿Qué es Ethereum? ¿Y es lo mismo que Bitcoin? Veamos esto:

Entendiendo Ethereum

En primer lugar, Ethereum no es una tecnología nueva per se. En lo que respecta a las definiciones, Ethereum es una plataforma informática distribuida, de código abierto y público, (lo que significa que cualquiera puede usar el código fuente y la tecnología subyacente), basada en blockchain que utiliza una funcionalidad de script llamada **contratos** inteligentes.

Como se indicó anteriormente, un contrato inteligente, una tecnología propuesta por primera vez por Nick Szabo en 1996, es un protocolo de computadora cuyo propósito es facilitar, hacer cumplir y verificar el desempeño o la negociación de un contrato; la plataforma de blockchain Ethereum representa su implementación más destacada.

Volviendo a Ethereum, la tecnología descentralizada ofrece la **Máquina Virtual de Ethereum** (EVM), una máquina virtual que tiene la capacidad de ofrecer la integridad de Turing, que, en la teoría de la computabilidad, es un sistema de reglas de manipulación de datos, y la capacidad de ejecutar estas reglas de manipulación de datos (scripts) mediante una red internacional de nodos públicos.

Dado que utiliza la tecnología blockchain (y para motivar a quienes participan en la red de igual a igual), Ethereum también ofrece ether, una forma de criptomoneda que se parece mucho a Bitcoin (lo que significa que es transferible) y se utiliza para compensar a los participantes en el cómputo de nodos. Para mitigar el correo no deseado y asignar adecuadamente los recursos a las computadoras en la red, la plataforma utiliza un mecanismo de precios interno llamado Gas.

Cómo Se Desarrolló Ethereum

La pregunta de cómo se originó Ethereum es probable que se manifieste en el momento en que dos o más personas hablen sobre las etapas de desarrollo de la tecnología blockchain. Como indicamos anteriormente, Ethereum se desarrolló principalmente debido a las deficiencias percibidas de la tecnología blockchain que se utiliza para crear Bitcoins.

La primera mención de Ethereum es **en un artículo escrito en 2013 por Vitalik Buterin**, un programador involucrado en el desarrollo de Bitcoin (cofundó la **revista Bitcoin**, un sitio web de noticias de Bitcoin, trabajó para Egora y cifró para **Dark Wallet**).

Vitalik sostiene que su deseo de desarrollar la plataforma surgió de la necesidad de tener un lenguaje de programación integrado en la tecnología blockchain para permitir el desarrollo de aplicaciones descentralizadas. Después de no lograr un acuerdo sobre la inclusión de la misma en la tecnología blockchain existente que se utiliza para crear Bitcoins, desarrolló Ethereum, una plataforma que tenía un lenguaje de programación más generalizado.

Contrariamente a la creencia popular, Ethereum y Bitcoin no son lo mismo (como se mencionó anteriormente, Ethereum tiene una moneda interna llamada ether). Si bien los dos son iguales, ya que ambos son redes de blockchain distribuidas públicamente, su propósito y capacidad difieren sustancialmente.

Bitcoin es solo una aplicación de la tecnología blockchain; permite transferencias electrónicas de efectivo entre pares (piense en la tecnología blockchain como una cebolla y Bitcoin como una capa de la cebolla). Mientras que la blockchain de Bitcoin usa la tecnología para rastrear la propiedad y la transferencia de las criptomonedas, la plataforma de la blockchain Ethereum se centra en ejecutar aplicaciones descentralizadas. En esta última, además de la minería para el ether, la criptomoneda interna en Ethereum, los pares que intentan minar ofrecen su poder de cómputo y, a cambio, ganan el ether. Además de comercializar esta criptomoneda, los desarrolladores de aplicaciones lo utilizan para pagar tarifas de transacción y servicios en la red Ethereum.

Para obtener más información sobre qué es Ethereum y su propósito, lea el siguiente recurso útil:

https://www.coindesk.com/information/what-is-ethereum/

Cómo Funciona Ethereum

Habiendo explicado qué es Ethereum y cómo surgió, avancemos un paso más y describamos sus modalidades internas de trabajo.

Hemos establecido que Ethereum tiene como objetivo crear aplicaciones descentralizadas, algo que hace usando una versión modificada de la blockchain utilizada por el protocolo de bitcoin; estos ajustes abren la plataforma y le dan usos que superan la utilidad monetaria como es común en Bitcoins.

Al utilizar el modelo de integridad de Turing, Ethereum tiene como objetivo ayudar a los desarrolladores a crear aplicaciones similares a cómo funcionan los Bitcoins, con la única diferencia de que permite a los desarrolladores crear nuevos pasos adicionales, reglas de propiedad y formatos transaccionales alternativos y estados de transferencia. Esto permite a los desarrolladores crear más programas o aplicaciones donde las transacciones de blockchain gobiernan y, hasta cierto punto, automatizan resultados específicos.

Para desmitificar cómo funciona esto, tenemos que ir un paso más allá y describir cómo los contratos inteligentes, algo que a menudo está envuelto en el misterio, funcionan:

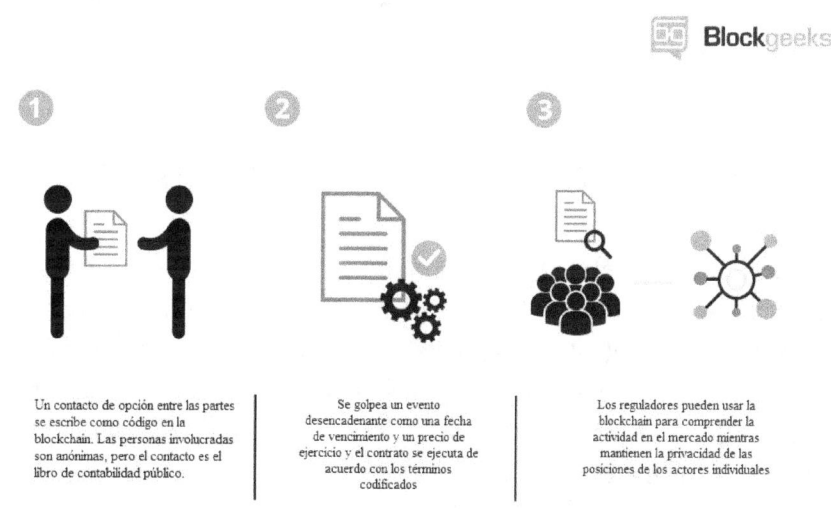

Cómo Funcionan los Contratos Inteligentes

Imagen cortesía de Blockgeeks

Desde una perspectiva global, el trabajo de un contrato general es delinear las modalidades de una relación de trabajo. Por ejemplo, si usted contrata a un contratista, el contrato que firme indicará los términos que rigen la relación de trabajo. En pocas palabras, un contrato inteligente es similar a este, con la diferencia de que esto utiliza un código criptográfico para hacer cumplir los términos del contrato. En otras palabras, un contrato inteligente es un programa que funciona (se ejecuta) según lo establecido por el/los creadores del contrato.

Considere lo siguiente:

Al utilizar monedas normales, como tarjetas de crédito para transferir dinero en línea, debe pagar a través de un intermediario y pagar al intermediario por ofrecer el servicio. Este obstáculo es uno de los que la tecnología de blockchain elimina gracias a su descentralización.

El contrato inteligente es fruto de **Nick Szabo**, un criptógrafo, quien en 1994 se dio cuenta de que el libro de contabilidad descentralizado podría encontrar uso para los contratos inteligentes, también llamados contratos de blockchain, contratos de ejecución automática o contratos digitales. Szabo planteó la hipótesis de que era posible convertir estos contratos en un código informático criptográficamente seguro y luego almacenarlos y replicarlos en un sistema supervisado por una red de computadoras que ejecutan el blockchain.

Los contratos inteligentes facilitan el intercambio de dinero, acciones, propiedades y otras cosas de valor de manera transparente (accesible al público) que está libre de la interferencia de intermediarios como los bancos (y las tarifas que cobran). Una forma más sencilla de describir los contratos inteligentes es comparándolos con nuestra forma de pago normal.

Supongamos que necesita los servicios de un abogado o contador. Esto es lo que normalmente sucede; usted paga por el servicio y luego espera para recibir la documentación. Los contratos inteligentes cambian esto; cuando realiza un pago a través de una moneda digital como ether o Bitcoin, coloca la moneda en el libro de contabilidad e inmediatamente después recibe el servicio (y los papeles) en su cuenta casi instantáneamente. El contrato inteligente hace cumplir automáticamente el acuerdo dentro del contrato. La plataforma Ethereum trabaja específicamente sobre los principios de los contratos inteligentes.

Cabe destacar que los Bitcoins fueron los primeros en ofrecer contratos inteligentes básicos, ya que permitieron la transferencia de valor de una persona a otra y debido a que la red de Bitcoin solo valida las transacciones cuando cumplen ciertas condiciones.

Considere la siguiente imagen cortesía de blockgeeks:

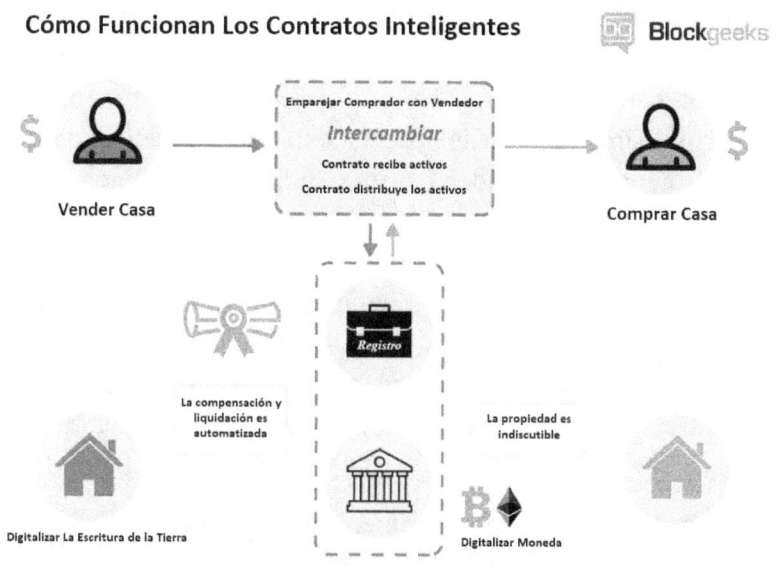

Imagen cortesía de Blockgeeks

Dado que Ethereum permite la creación de contratos inteligentes o, como los llama el documento de Ethereum, agentes autónomos, y el uso de la característica Turing completo, este ofrece soporte para un conjunto más amplio de instrucciones computacionales. Por ejemplo, los contratos inteligentes pueden:

1. Administrar los acuerdos entre los usuarios en una instancia en la que un usuario compra algo como el seguro del automóvil o del hogar del otro usuario.

2. Ofrecer una función similar a las cuentas de firma múltiple que requieren la autorización de un porcentaje específico de personas antes del uso de los fondos en ellas.

3. Actuar como utilidad a otros contratos.

4. Actuar como plataforma de almacenamiento de información para aplicaciones. Por ejemplo, puede almacenar la información de registro para registro de dominio o registros de membresía.

En relación con el punto 4 anterior, muchos expertos en el campo creen que los contratos inteligentes serán en cierta medida codependientes. Por ejemplo, hacer una apuesta sobre la temperatura de un día frío de invierno puede desencadenar una secuencia de otros contratos. Puede desencadenar un contrato inteligente que determinaría el clima y otro para liquidar la apuesta según la información recibida del contrato que determinó el clima. La ejecución de cada uno de estos contratos requeriría un código inteligente y la ejecución de cada contrato atrae los costos transaccionales de Ethernet. La máquina virtual de Ethereum no ejecuta contratos inteligentes que no tienen suficientes tarifas de transacción.

Volviendo a la blockchain de Ethereum, no podemos dejar de mencionar que su estructura es muy similar a la de la blockchain de Bitcoin, ya que ambos almacenan y comparten públicamente todas las transacciones registradas, y cada nodo (o computadora) en la red tiene una copia de esto en sus registros de historial.

La principal diferencia entre la blockchain de Bitcoin y Ethereum es que, en lugar de almacenar todo el historial en cada nodo (computadora), cada nodo de la blockchain de Ethereum almacena el estado del contrato inteligente más reciente y todas las transacciones de ether. Realiza un seguimiento del saldo de usuarios, el contrato de código inteligente y su ubicación de almacenamiento. En comparación, para rastrear cuántos Bitcoins posee alguien, el protocolo de la blockchain de bitcoin usa salidas de transacciones no gastadas.

Si bien esto puede parecer demasiado complejo, la idea subyacente es relativamente simple. Cada vez que alguien realiza una transacción de Bitcoin, el protocolo de Bitcoin divide la cantidad total y emite cambios cuando es necesario, de la misma manera que se comportan las monedas físicas o el papel moneda. Para transacciones futuras, la red debe agregar todas las piezas de cambio clasificadas como gastadas o no gastadas. Esta es una de las diferencias clave entre las cadenas de bloques de Ethereum y bitcoin: el Ethereum utiliza cuentas. Las fichas de ether son muy parecidas a los fondos en una cuenta bancaria (desde una perspectiva de apariencia) y, por lo tanto, son transferibles a otra cuenta o cartera sin tener lo que podríamos llamar una relación continua.

Aquí hay una imagen ilusoria que muestra la diferencia entre las dos:

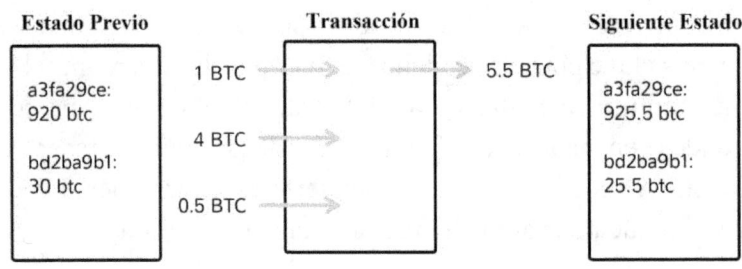

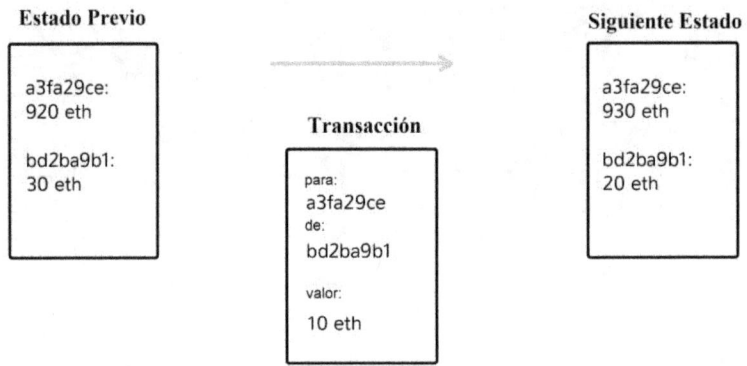

Imagen cortesía de Coindesk

Hablando sobre esto, no podemos dejar de mencionar las aplicaciones de los contratos inteligentes.

Las Posibilidades de Aplicación Para Contratos Inteligentes

Si bien los contratos inteligentes tienen su parte justa de problemas, problemas como el código de buggy, la reacción del gobierno a tal descentralización y la incertidumbre sobre qué pasaría si alguien pirateara la red (como lo que ocurrió con la red Ethereum después del evento DAO y la eventual creación de Ethereum classic), también son tremendamente beneficiosos.

Algunos de los beneficios clave que ofrecen incluyen autonomía, confianza, respaldo y seguridad, velocidad, ahorros en transacciones y precisión. Estos beneficios hacen que los contratos inteligentes sean una tecnología desplegable en muchas áreas. Algunas de las áreas clave que están usando o que están ansiosas por usar contratos inteligentes incluyen:

Uso Gubernamental

Existe un consenso de que, si bien el sistema de votación digital en los Estados Unidos es difícil de manipular, también existe una creciente preocupación por esto después de las afirmaciones de que el gobierno **Ruso hackeó el sistema electoral durante las elecciones de 2016 en EE.UU.**

Los contratos inteligentes pueden disipar este temor, ya que su sistema central está basado en la seguridad. Al utilizar contratos inteligentes, cualquiera que busque piratear y manipular los votos protegidos del libro de contabilidad necesitaría un poder informático excesivamente alto, una hazaña que nadie podría manejar, ya que nadie tiene un poder informático que excedería la potencia informática combinada de las computadoras conectadas de igual a igual que ejecutan la red blockchain.

El otro punto a destacar aquí es que, dado que una aplicación de votación que utilice el modelo de contratos inteligentes eliminaría la necesidad de mostrar su identidad y completar los formularios de votación, el proceso de votación sería más rápido, lo que llevaría a un aumento en la participación de votantes debido a que el sistema sería relativamente fácil de usar.

Administración

El aspecto del libro de contabilidad único de la tecnología blockchain es una fuente de confianza (ya que los cambios en un extremo se reflejarían en todos los aspectos del libro de contabilidad). Aparte de eso, la transparencia, la precisión y la autonomía que ofrece mejorarían la comunicación y el flujo de trabajo. Cuando considera que la falta de comunicación y el flujo de trabajo son algunos de los principales obstáculos para la productividad y el éxito de la empresa, una aprobación inmediata de los problemas internos y la eliminación de los avances y retrocesos que conforman el entorno empresarial conducirían a un entorno de la empresa mejorado.

Un ejemplo aquí es el Depository Trust and Clearing Corp (DTCC). En 2015, utilizaron el libro de contabilidad de blockchain para procesar 345 millones de transacciones que representan más de $1.5 cuatrillones de valores.

Cadena de Suministro

En el corazón de los contratos inteligentes está la premisa de Si-Entonces. Por ejemplo, si el clima es X, entonces ejecute la apuesta Y o así. Jeff Garzik, un colaborador clave de Núcleo de Bitcoin y el cofundador de **bloqinc** lo explica de la siguiente manera:

"UPS puede ejecutar contratos que dicen: 'Si recibo efectivo en la entrega en este lugar en un mercado emergente y en desarrollo, este otro [producto], muchos, muchos enlaces en la cadena de suministro, provocará que un proveedor cree un nuevo artículo, ya que el ítem existente se acaba de entregar en ese mercado en desarrollo'. Muy a menudo, los sistemas basados en papel donde los formularios tienen que pasar por numerosos canales para su aprobación obstaculizan las cadenas de suministro y aumentan la exposición a pérdidas y fraude. Blockchain anula esto al proporcionar una versión digital segura y accesible a todas las partes de la cadena y automatiza las tareas y el pago".

Un estudio de caso de esto es **Barclays Corporate Bank**; utiliza contratos inteligentes para registrar el cambio de propiedad y la transferencia automática de pagos a otras instituciones financieras.

Automóvil

Nuestra tecnología se está desarrollando rápidamente y, en el futuro, todo promete ser autónomo (piense en la línea de autos inteligentes, drones inteligentes y similares). En este futuro, los contratos inteligentes resultarán muy útiles.

Como ejemplo, los contratos inteligentes jugarán un papel central en el estacionamiento de vehículos autónomos, ya que desde una perspectiva general y en el caso de un accidente, ayudarán a las autoridades a determinar quién tuvo la culpa: el conductor, los sensores, u otras variables. Usando el protocolo de contrato inteligente, un seguro de automóvil podría usar el historial de un conductor para determinar la tarifa a la cual se le cobrará una prima.

Bienes Raíces

Considere la forma normal de manejar ofertas de bienes raíces. Si desea alquilar su casa o apartamento, debe pasar por un intermediario, una plataforma de colocación de anuncios en línea como Craigslist o contratar a un agente de bienes raíces. Esto significa que tendría que pagarle a alguien o a una plataforma publicitaria. También tendría que contratar a alguien para asegurarse de que el inquilino mantiene los pagos.

Un contrato inteligente elimina la necesidad de esto; todo lo que tiene que hacer es pagar a través de una criptomoneda y codificar su contrato en el libro de contabilidad. Esto permitiría el cumplimiento automático y proporcionaría un nivel de apertura. Esto beneficiaría a todos los involucrados: corredores, agentes de bienes raíces e incluso al propietario.

Cuidado de la Salud

La tecnología blockchain permite codificar y almacenar registros personales de salud utilizando una clave privada que otorgaría acceso a las personas especificadas en el contrato. Esto significa que el sistema permitiría el almacenamiento de la investigación, los informes médicos y los recibos (tal vez recibos de cirugía) de manera segura, mediante el uso del protocolo Si-Entonces, el sistema enviaría automáticamente el archivo a los proveedores de seguros (como prueba de entrega) y a todos los involucrados, tal vez un médico de cabecera que ofrezca administración de salud general, supervisión y regulación del uso de drogas, laboratorios, etc.

Ahora que tenemos una comprensión más clara de qué es Ethereum y cómo funcionan los contratos inteligentes, analicemos cómo funciona la minería Ethereum.

Minería: Cómo Funciona La Minería

Es muy fácil confundir el propósito de la minería Ethereum. De hecho, muchos de los que son nuevos en la innovación de Ethereum llegan rápidamente a la conclusión de que la minería consiste en generar ether sin la necesidad de un emisor central. Si bien hay algo de cierto en esto, especialmente porque el proceso de minería lleva a la creación de nuevos tokens Ethereum (ether), a una tasa de 5 ethers por bloque minado, la minería juega otro papel importante.

En nuestro mundo moderno, nuestros bancos tienen el mandato de mantener registros transaccionales precisos. También desempeñan el papel de garantizar que el dinero transferido de una cuenta a otra no ocurra dos veces, lo que lleva a la creación de dinero desde el aire. Blockchain cambia esta modalidad de trabajo y el mantenimiento de los registros al garantizar que los registros que se llevan a cabo no están bajo la autoridad supervisora de un intermediario; hace que el proceso de registro y verificación sea público en un libro contable público. La minería garantiza que el sistema sea seguro y que nadie vuelva a hacer trampas o use el dinero utilizado anteriormente (el problema del doble gasto resuelto a través del concepto de prueba de trabajo). Los mineros desempeñan el importante papel de mantener el historial de transacciones para prevenir el fraude.

El proceso de extracción de Ethereum es muy similar al proceso de extracción de Bitcoin. Así es como funcionan los dos. Los mineros usan computadoras muy poderosas (en términos de potencia informática) para adivinar la respuesta al rompecabezas que conforma cada bloque de transacción. Esto sucede a velocidades rápidas de iluminación hasta que una de estas computadoras la adivina correctamente.

Para ser un poco más específico, estos mineros utilizan una **función hash** para ejecutar los metadatos de encabezado únicos del bloque (incluida la marca de tiempo y la versión de software). El resultado de esto es una cadena de longitud fija de números y letras que buscan al azar; el sistema solo cambia el **valor de nonce**, que afecta el valor de hash resultante.

Cuando un minero encuentra un hash que coincide con el objetivo actual, ese minero recibe un premio de ether (o Bitcoins) y luego difunde el bloque resuelto a cada computadora en la red (lo que hemos llamado nodos anteriormente) para su validación y adición a su libro de contabilidad. Yendo un paso más allá, si minero X resuelve el rompecabezas del hash, todos los que trabajen en ese bloque dejarán de trabajar en ese bloque y comenzarán a trabajar en el siguiente bloque. Dado que las computadoras son las que hacen este trabajo, esto sucede automáticamente. Este sistema es muy difícil de engañar porque requiere una **prueba de trabajo** y no hay manera de falsificar la respuesta correcta al rompecabezas que desbloquea el hash/bloque.

En la bolckchain Ethereum, el descubrimiento de un nuevo bloque lleva aproximadamente de 12 a 15 segundos (10 minutos para Bitcoins). Cuando los mineros resuelven el rompecabezas más rápido o más lento que esta tasa, el algoritmo intuitivo cambia automáticamente la dificultad del rompecabezas matemático con la intención de hacer que los mineros vuelvan al tiempo de solución de 12 segundos. Una vez creado y resuelto, lleva muy poco tiempo que todos los mineros/nodos o computadoras en la red verifiquen la exactitud del valor del hash. La cantidad de ethers o Bitcoins que gana un minero depende de la potencia informática del minero (cuanto más poder, mayor es la probabilidad de ether).

Ethereum utiliza un algoritmo de prueba de trabajo llamado **ethash**; este algoritmo requiere específicamente más memoria, lo que dificulta la solución del hash matemático y los mineros tienen que usar computadoras especializadas y altamente potentes llamadas **ASIC**, computadoras que tienen chips de minería especiales.

Otra cosa importante a tener en cuenta aquí es que la extracción de Ethereum puede cambiar en el futuro a medida que Ethereum pase de usar la prueba de trabajo a usar la prueba de participación. Vamos a discutir brevemente la prueba de participación.

Cambiando a Prueba de Participación

Como se dijo, Ethereum se está alejando de la prueba de trabajo y se inclina hacia la prueba de participación. Esto significa que, en el futuro, Ethereum no necesitará mineros.

La prueba de trabajo es el algoritmo que se usa actualmente para determinar la validez de las transacciones y mantener el libro de contabilidad seguro. La prueba de participación verá la red asegurada por los propietarios de fichas. Una vez implementadas, la prueba de participación eliminará la necesidad de plataformas de minería y una potencia informática inmensa. Permitirá la distribución del libro con menos recursos.

Ahora que hemos hablado sobre estas cosas, permítanos explicar cómo puede comenzar a usar la tecnología blockchain.

Section 4: Una Guía Técnica Para Comenzar en Blockchain

Como lo sugiere el título, esta sección se centrará en cómo puede comenzar a implementar blockchain. Como puede adivinar, la aplicación de blockchain será multifacética y, como tal, tendremos que ver cómo puede implementar la innovación en su negocio y cómo puede comenzar a desarrollar aplicaciones impulsadas por blockchain. Más adelante, en la sección 5, hablaremos sobre cómo conseguir sus criptomonedas y comenzaremos a intercambiarlas con fines de lucro. Por ahora, comencemos nuestra explicación sobre cómo comenzar con blockchain.

Introducción a Blockchain: Implementación de Blockchain en las Operaciones Comerciales

Hasta ahora, hemos tratado sobre cómo la tecnología blockchain tiene muchos usos prácticos en la vida cotidiana. Algunos de los usos clave que detallamos se aplican a las empresas, que es lo que discutiremos en esta sección de la guía.

Ya sea que ejecute una pequeña empresa o una empresa de nivel uno, siempre está buscando tecnologías que puedan aumentar su eficiencia y ayudarlo a hacer crecer su negocio. Como tal, puede estar ansioso por integrar blockchain en su operación comercial si no fuera por las ganancias, para minimizar los inconvenientes de usar un sistema centralizado de administración de registros.

Sin embargo, antes de pensar en implementar esta tecnología en su negocio, debe preguntarse si la tecnología cumplirá sus necesidades comerciales. Esta pregunta merece una respuesta honesta y muy sucinta porque, como verá en breve, blockchain no es una solución única para todos y, contrariamente a la creencia popular, no es una solución óptima para todos los procesos de negocios.

La tecnología blockchain es útil en casos de uso de nicho muy específicos. En estos casos de uso de nicho, la solución que proporcionan es de alto nivel y elegante. Algunos de estos usos especializados incluyen lo siguiente (use esta lista para determinar dónde puede implementar la tecnología dentro de su negocio):

1. **Auditoría:** Si su deseo es tener un proceso que registre los procesos comerciales de una manera inalterable, entonces esta tecnología se adaptará bien porque, como hemos dicho, una vez ingresada en la blockchain, cambiar las entradas se vuelve difícil, y hacerlo significa que la entrada modificada será visible para que todos la vean. Esto puede resultar muy útil para fines de auditoría.

2. **Transferencia de Datos o Prueba de Almacenamiento de Datos:** Si desea tener un sistema que le permita saber con certeza cuándo un autor específico creó un documento (y la identidad del autor), esta tecnología será muy útil porque los nodos de la red registrarán dichos detalles y los hará públicos para todos los que usen la red.

3. **Transferencia de Activos:** Si su empresa está buscando una manera de transferir activos digitales de manera instantánea que deje una pista de auditoría, eliminando así la dependencia y la necesidad de autorización de terceros, esta tecnología también será muy útil. El coste de transferir estos activos también será

muy beneficioso para el bienestar de su empresa, ya que es de bajo costo.

Usando estos tres puntos, determine si su empresa puede implementar con éxito la tecnología blockchain en sus operaciones. Además de estos, también considere las reglas y controles artificiales de la centralización, la vulnerabilidad a los errores, la piratería, el fraude interno, los puntos de fallo y el capital atrapado.

Después de determinar que su empresa puede beneficiarse de esta tecnología, el siguiente paso es determinar cómo integrar la tecnología en su infraestructura empresarial existente. Para hacer esto, debe integrar la aplicación de su blockchain de elección junto con el sistema existente (paralelo) mientras prueba la tecnología en el uso del nicho.

Probar su aplicación de blockchain preferida puede ser tan simple como acceder a una **Interfaz de Programación de Aplicaciones (API)** para acceder al protocolo de blockchain, y si bien existen varias formas avanzadas de usar blockchain, formas que requieren una inversión financiera y de recursos, el acceso a la API será suficiente por ahora, especialmente si está en la fase de prueba. La mejor solución sería informarse sobre las capacidades de la cadena de bloques y luego realizar una pequeña prueba interna en un área específica de su organización.

Aplicaciones Basadas en Blockchain Que Puede Integrar en su Negocio

Continuando con la discusión anterior, aquí presentamos las diversas tecnologías que tienen capacidades de blockchain y que puede integrar en su negocio:

Almacenamiento en la Nube Distribuido de Blockchain

En los próximos 2 a 5 años, el almacenamiento de datos de blockchain será una tecnología masivamente disruptiva que alterará el status quo actual en el que el almacenamiento en la nube adopta el modelo centralizado (recuerde cómo ha confiado en el almacenamiento en la nube de Google o Amazon para mantener sus datos de forma segura).

La Blockchain puede permitirle almacenar y distribuir información que de otro modo confiaría a un tercero, descentralizándola (y probablemente reduciendo el coste del almacenamiento de datos). **Storj** es una plataforma de almacenamiento en la nube, descentralizada, en pruebas beta y la plataforma de almacenamiento en la nube de blockchain es el mejor ejemplo de esto. La plataforma mejora la seguridad, disminuye la dependencia de terceros y le permite alquilar su exceso de capacidad de almacenamiento.

Identidad Digital

La seguridad digital, es decir, sobre la vulnerabilidad a la piratería, es una preocupación comercial clave; blockchain puede poner esta preocupación en descanso. La tecnología lo hace asegurándose de que la gestión y el seguimiento de las identidades digitales sean seguras y efectivas. Esto reduce el riesgo de fraude.

Lo más importante aquí es que la verificación y autorización de la identidad digital se integra en servicios como transacciones y servicios bancarios en línea, seguridad nacional y documentación de ciudadanía, e incluso cosas como el inicio de sesión de correo electrónico.

El pirateo de las bases de datos y los espacios de almacenamiento en la nube, como iCloud, son comunes (Target fue el objetivo reciente de una violación amplia y significativa: la violación afectó la información de más de 70 millones de clientes).

Puede usar blockchain para asegurar sus identidades digitales en un proceso que requeriría una autenticación única de identidades de una manera segura e irrefutable. Teniendo en cuenta que los métodos de identificación de identidad actuales se basan en contraseñas, el uso de blockchain haría que el proceso fuera seguro, ya que usaría una firma digital basada en una clave pública, protegida criptográficamente. En esta configuración, el único requisito que determinaría la autenticidad de una identidad sería verificar si la clave privada correcta firmó la transacción. La aplicación de identidad Blockchain puede aplicarse a pasaportes, certificados de nacimiento y matrimonio, identidades digitales, identificaciones y residencia electrónica.

Un ejemplo de esta tecnología en uso hoy en día es **ShoCard**, una identidad digital que ofrece protección a la privacidad del consumidor. ShoCard es fácil de usar y está optimizado para dispositivos móviles.

Blockchain Notario

La marca de tiempo es una de las características clave de blockchain. El sistema valida el estado de un hash (un dato envuelto) en momentos específicos. Esto confirma la existencia de algo. Manuel Aráoz, un desarrollador de blockchain de Buenos Aires, desarrolló una prueba de existencia, un método de verificación descentralizado y al hacerlo interrumpió los servicios de notaría centralizados que eran los únicos que ofrecían los servicios. Explica la prueba de existencia de la siguiente manera:

"Como el blockchain es una base de datos pública, es un consenso distribuido; su documento se certifica de manera distribuida".

La prueba de existencia funciona de la siguiente manera: permite a diferentes usuarios cargar un archivo (de forma segura) y, al pagar una tarifa, tener una prueba criptográfica de la misma incluida en la blockchain de Bitcoin. Después de hacer esto de forma anónima, el sistema genera un hash del archivo digital como parte de la transacción. Esto almacena la prueba de su archivo en el libro de contabilidad público sin revelar su identidad. Aráoz dice lo siguiente sobre esto:

"Básicamente, al insertar el hash criptográfico del documento en una transacción, cuando esa transacción se extrae en un bloque, la

marca de tiempo del bloque se convierte en la marca de tiempo del registro".

Hemos examinado las diversas formas de integrar blockchain en su negocio. Con ese entendimiento, veamos cómo comenzar con Ethereum blockchain y el desarrollo de contratos inteligentes.

Contrato Inteligente y Desarrollo Web de Ethereum: Una Guía Práctica Para Comenzar

Para comenzar a utilizar Ethereum y el desarrollo inteligente de contratos, esto es lo que debe hacer:

Paso 1:

Lo primero que debe hacer es conseguir una blockchain. Aquí tiene muchas opciones: puede ir con **geth**, **parity**, **pyethapp** o **testrpc** (este último es ideal para cualquiera que busque una blockchain).

Una vez que instale su blockchain preferida, comience con testrpc (esto formará una excelente plataforma de lanzamiento para todas sus necesidades de desarrollo).

```
testrpc
```

Una vez que esté dentro, su blockchain estará lista. Sin embargo, es importante tener en cuenta que lo anterior (testrpc) no extrae bloques para el ether; -b le permite especificar su intervalo de bloque preferido; por ejemplo, puede ir con 1 segundo.

Paso 2:

El siguiente paso en el proceso es hablar con la blockchain. Una vez que el blockchain esté funcionando, descargue **web3.js**, instálelo, abra un archivo config.js y colóquelo en él.

Aquí tiene una imagen ilusoria de esto:

```
var web3 = require('web3');
var web3_provider = 'http://localhost:8545';
var _web3 = new web3();
_web3.setProvider(new web3.providers.HttpProvider(web3_provider));
exports.web3 = _web3;
```

Una vez que esto está en funcionamiento, para comunicarse con la blockchain en el servidor back-end, ejecute lo siguiente:

```
var config = require('./config.js');
```

```
config.web3.eth.X
```

La X aquí representa cualquier función de la API web3 que quiera; puede encontrar un script para eso en **GITHUB**.

Paso 3:

El siguiente paso es escribir algunos contratos inteligentes. Como nota, sin embargo, necesitará ether para ejecutar los contratos inteligentes. Para redactar contratos inteligentes, utilizará **solidity**. Si bien la creación de algunos contratos parece temible y demasiado técnica, no lo es, y muchas aplicaciones simplifican el proceso.

Debe mantener los contratos lo suficientemente simples porque cada operación en la red Ethereum cuesta gas, lo que significa dinero. Los contratos inteligentes complejos implican que llamar a su contrato puede costarle entre $0.05 y $1.50. Lo segundo es que los contratos complejos aumentan las posibilidades de errores, ya que el código que ejecuta el contrato es irreversible; mantener el contrato simple es lo mejor.

La siguiente guía le mostrará cómo escribir su primer contrato con solidity:

http://www.techracers.com/smart-contract-solidity

Paso 4:

En el paso 4, ejecutará/probará el contrato inteligente que acaba de crear implementándolo. Para hacerlo, usted necesitará usar **Truffle**.

Truffle le permite administrar contratos de prueba y trabajar fácilmente en su marco de prueba. Como ejemplo, considere la siguiente secuencia de comandos package.json:

```
"scripts": {
  "test": "cd truffle && truffle deploy && truffle test ./myTruffleTest.js && cd .. && npm run myOtherTests"
}
```

Este script (secuencia de comandos) hace tres cosas: implementa su contrato, ejecuta su test de truffle y luego ejecuta su prueba regular. Las pruebas de truffles son ideales porque funcionan dentro de los límites de la tecnología blockchain y se implementan en el alcance de sus pruebas en diferentes operaciones de blockchain.

Para pasar la información de la prueba al resto de su conjunto de pruebas, puede usar Truffle para guardar las direcciones en un archivo de configuración y luego importar ese archivo en sus pruebas regulares. Usando web3.js y el archivo de configuración, puede interactuar con todos sus contratos en cualquier prueba.

Para implementar su contrato inteligente, vaya al directorio de truffle y escriba lo siguiente (mientras se ejecuta este test, asegúrese de que testrpc también se esté ejecutando en otra ventana):

```
truffle deploy
```

El siguiente script emitirá la dirección de su contrato recién implementado. Copie esta dirección en su archivo config.js o guárdela mediante programación en una prueba de truffle.

Aquí tiene un ejemplo de la dirección:

```
exports.contract_addr = '0xe73e8e0a4442e140aea87a4b150ef07b82492500'
```

Paso 5:

Lo siguiente es hacer una llamada de contrato inteligente. Para llamar a los contratos, puede utilizar cadenas hexadecimales o **bibliotecas**. Para este propósito, estaremos utilizando cadenas Hex.

Primero, deberá tener todo, número, cadenas y el resto en un hex. La otra cosa es que, dado que Ethereum usa palabras de 256 bits, tendrá que rellenar todo lo que tenga ceros hasta 64 caracteres. La otra cosa a tener en cuenta es que declarará canónicamente los tipos en la definición de la función. Aquí hay un ejemplo.

```
function add(uint x, uint y) public constant returns (uint) {
    return x + y;
}
```

Suponga que, en el ejemplo anterior, su objetivo es agregar 1 y 2, llamará a esta función de la siguiente manera:

Primero, tomaría los primeros 4 bytes del hash keccak 256 de su definición de función canónica empaquetada. Esto suena complejo. Para facilitar el proceso, diríjase a **este sitio web,** escriba la declaración de la función y luego tome los primeros 8 caracteres.

Ethereum usa tipos canónicos y abreviados (por ejemplo, uint256 es el tipo canónico de uint). Para obtener más información sobre la definición y ejemplos de estos tipos, navegue hasta el **siguiente enlace**.

Usando el ejemplo anterior, aquí es cómo aparece la declaración:

```
add(uint256,uint256)
```

Esto devuelve el siguiente hash keccak256:

```
771602f7f25ce61b0d4f2430f7e4789bfd9e6e4029613fda01b7f2c89fbf44ad
```

Cuando tomamos los primeros 8 caracteres (4bytes), tenemos lo siguiente:

```
771602f7
```

Vamos a rellenar esto a los parámetros de 256 bits:

x = 1 es:

```
0000000000000000000000000000000000000000000000000000000000000001
```

y=2 es:

0002

Juntos, forman:

0000000000000000000000000000000000000000000000000000000000010000
0000000000000000000000000000000000000000000000000000000000000002

Cuando empaqueta todo junto y agrega un prefijo 0x, generamos lo siguiente:

0x771602f7000000000000000000000000000000000000000000000000000000
0000010000000000000000000000000000000000000000000000000000000000
02

Con la carga útil preparada, podemos usar web3 para llamar al contrato:

```
var config = require('./config.js');

var call =
'0x771602f70000000000000000000000000000000000000000000000000000
00000010000000000000000000000000000000000000000000000000000000000
002'

var to = config.contract_addr;

var res = config.web3.eth.call({ to: to, data: call });
```

Después de esto, obtendrá 3 para res. Obtendrá un objeto BigNumber de la siguiente manera:

```
res.toString()
>'3'
```

Los siguientes recursos explican por qué el desarrollo de su aplicación descentralizada debería usar BigNumber.

Esto concluye cómo convocar a un contrato. La otra cosa que tenemos que ver es cómo escribir en un contrato en los casos en que desee cambiarlo o actualizarlo. Para hacer esto, necesitará usar su clave privada para firmar un contrato.

Paso 6:

El paso 6 implica configurar su cuenta para que pueda obtener más información sobre el último punto del paso 5 anterior. Para este propósito, deberá volver a la carpeta de truffle y agregar la siguiente variable en su archivo config.js:

NOTA: Para ejecutar este paso, necesitará obtener una cuenta de Ethereum, que puede obtener de su keypai privado/público. Puede utilizar **eth-lightwallet** para este propósito.

```
var keys = require(`${process.cwd()}/../test/keys.json`);

it('Should send me some ether.', function() {
  assert.notEqual(keys.me.addr, null);

  var eth = 1*Math.pow(10, 18);
  var sendObj = {
    from: accounts[0],
    value: eth,
    to: keys.me.addr
  }

  Promise.resolve(web3.eth.sendTransaction(sendObj))
  .then(function(txHash) {
    assert.notEqual(txHash, null);
    return web3.eth.getBalance(keys.me.addr)
  })
  .then(function(balance) {
    assert.notEqual(balance.toNumber(), 0);
  })
})
```

Estamos enviando 1 ether o 10^18 wei; hacer transacciones o llamadas de contratos inteligentes siempre usa valores de wei. Estos son los resultados:

```
exports.me = {
  addr: "0x29f2f6405e6a307baded0b0672745691358e3ee6",
  pkey:
"8c2bcfce3d9c4f215fcae9b215eb7c95831da0219ebfe0bb909eb951c3134515"
}
```

Como se puede ver en lo anterior, estamos moviendo ether desde cuentas [0] que tienen ether hasta me.addr en su archivo de configuración.

Paso 7:

El siguiente y último paso es utilizar sus contratos inteligentes para realizar transacciones. Aquí, tiene tres opciones: la primera es enviarla a otra dirección como valor, la segunda es llamar a una función de contrato: requiere que incentive a un minero a procesar su actualización (usando gas), y la tercera y última forma es convocar a un contrato que acepte ether como pago para actualizar el estado.

Para nuestro propósito, que, en este ejemplo, es que vamos a tener una función que rastrea el saldo de un usuario, vamos a utilizar la segunda opción. Así es cómo se ve esto:

```
function addUserBalance(uint balance)
public returns (bool) {
  if (!accounts[msg.sender]) { throw; }
  if (accounts[msg.sender].balance + balance <
accounts[msg.sender].balance) { throw; }
  accounts[msg.sender].balance += balance;
  return true;
}
```

En lo anterior, la segunda instrucción *if* es necesaria porque, en la solidity, sumar y restar puede llevar a una descarga y desbordamiento numérico. Así que tenga esto en cuenta.

Al llamar a esta función, lo que hacemos al enviar una transacción es querer actualizar el estado global de la red para reflejar lo siguiente:

El saldo de la cuenta de msg.sender ha aumentado. Dado que aquellos que usan Ethereum no tienen el poder de actualizar el estado, necesitan mineros y usan gas, que se traduce en ether, para pagar los servicios de actualización.

Aquí está cómo llamar a esta función utilizando la definición ABI de Ethereum:

```
addUserBalance(uint256) --> 22526328 -->
0x2252632800000000000000000000000000000000000000000000000000000000
1
```

Una vez que tengamos los datos anteriores, podemos usarlos para formar una transacción sin firmar:

```javascript
var data =
'0x2252632800000000000000000000000000000000000000000000000000000000
01';
var nonce = config.web3.eth.getTransactionCount(keys.me.addr);
var gasPrice = 20 * Math.pow(10, 9);
var gasLimit = 100000;

var txn = {
  from: config.me.addr,
  to: config.contract_address,
  gas: `0x${gasLimit.toString(16)}`,
  gasPrice: `0x${gasPrice.toString(16)}`,
  data: data,
  nonce: `0x${nonce.toString(16)}`,
  value: '0x0'
}
```

Lo anterior cimienta la necesidad de gas para actualizar el estado/hacer transacciones. El precio del gas es la cantidad de wei que necesita un minero para actualizar el estado de su transacción. En un caso en el que la transacción le cuesta al minero más de lo que le proporcionó, el estado no se actualizará y el minero aún conservará todo el dinero del gas provisto con la transacción. Si el wei que usted proporcionó está por encima de lo que el minero necesita para actualizar el estado, él o ella le reembolsará el resto.

Si enviamos lo siguiente a la red, el estado no podrá actualizarse porque esta instancia carece de pruebas de quién está autorizando la transacción. Para asegurarnos de que la transacción se actualice (suponiendo que tengamos suficiente dinero de gas), necesitamos nuestra clave privada para firmar la transacción. Esta clave está en su archivo privado (consulte los pasos 1 a 4). Esto es lo que necesita hacer con la clave almacenada en su archivo de configuración.

```
var Tx = require('ethereumjs-tx');

var privateKey = Buffer.from(config.me.pkey, 'hex')
var tx = new Tx(txn);
tx.sign(privateKey);
var serializedTx = tx.serialize();
```

En lo anterior, estamos utilizando **bibliotecas** para usar la clave privada para firmar una transacción. Lo siguiente debería devolver esto:

```
0xf8aa808504a817c800830f424094a0f68379088f9aee95ba5c9d178693b874c4cd6880b
844a9059cbb00000000000000000000000053b2188b0b100e68299708864e2ccecb62cdf
0d0000000000000000000000000000000000000000000000000746a5288001ca01f6
83f083c2d7c741a1218efc0144adc1749125a9ca53134b06353a8e4ef72afa07c50fb5964
7ff8b8895b75795b0f51de745fa5987b985f7d1025eb346755bca0
```

Luego podemos usar web3 para enviar esto a la blockchain, que, al hacerlo, devolverá un hash de transacción, que simplemente no es prueba de una transacción exitosa, sino un hash de la transacción proporcionada.

```
var txHash = config.web3.eth.sendRawTransaction(raw_txn);
```

Esto se verá del modo siguiente:

```
0xac8914ecb06b333a9e655a85a0cd0cccddb8ac627098e7c40877d27a130a7293
```

El último paso es confirmar que la transacción se procesó correctamente: obtenga el recibo de la transacción. Esto se hace de la siguiente manera:

```
var txReceipt = config.web3.eth.getTransactionReceipt(txHash);
```

Si lo anterior devuelve un valor nulo, la transacción no tuvo éxito. Esto puede ocurrir por varias razones: quizás no incluyó suficiente wei, o quizás usó la clave privada incorrecta para firmar el archivo.

Así es como se comienza a usar blockchain y el desarrollo de contratos inteligentes. Como usted ha notado, este proceso es muy técnico. Para evitar sentirse abrumado, siga cada uno de los pasos gradualmente hasta que comprenda cómo hacerlo y cuando se sienta perdido, use esta sección como guía de referencia. Además, siéntase cómodo dedicando una cantidad considerable de tiempo en este proceso porque, para entenderlo, tendrá que volver al paso varias veces y leer la documentación adjunta. Una vez que domine todo lo que hemos explicado en esta subsección, irá por el buen camino para ser un desarrollador de Ethereum capacitado.

Ahora que hemos analizado cómo comenzar a utilizar blockchain, analicemos las criptomonedas, la tecnología que está impulsando el uso y la utilización de blockchain, y cambiando la forma en que usamos el dinero hoy y en el futuro.

Sección 5: El Futuro del Dinero: Una Guía de Criptomonedas Para Principiantes

Criptomonedas es la nueva palabra de moda. Los bancos, las empresas de software y contabilidad prominentes, e incluso las empresas de ladrillos y motores, la están aceptando abiertamente. Muchos intercambian criptomonedas como Bitcoin y se enriquecen en el proceso. Desafortunadamente, aunque las criptomonedas son populares, se han convertido en una especie de unicornio del siglo XXI, en el sentido de que muy pocas personas realmente saben lo que son. En esta sección de la guía, vamos a desmitificar las criptomonedas al desnudarlas al mínimo.

Entendiendo Las Criptomonedas y su Aparición

Las criptomonedas son activos digitales utilizados como medio de intercambio y diseñadas para utilizar la criptografía para asegurar transacciones y controlar la creación de nuevas unidades de la moneda. Las criptomonedas son monedas virtuales o digitales.

Ellas (criptomonedas) utilizan la criptografía y el libro de contabilidad compartido (en la plataforma blockchain) para crear un sistema monetario estable, seguro, rastreable y de código abierto. El nombre de criptomoneda proviene del hecho de que utilizan un código criptográfico. La criptografía es una forma de cifrar y proteger la información con la intención de garantizar que, como una red envía esta información, es seguro que personas no autorizadas no puedan acceder a la información.

Antes de 2008, que es cuando la primera criptomoneda alcanzó el uso generalizado, muchos intentaron desarrollar una moneda descentralizada y protegida por criptografía que utilizara redes distribuidas. El lanzamiento de Bitcoin en 2008-09 cambió todo esto, por lo que hasta la fecha los Bitcoins siguen siendo la criptomoneda más popular y ampliamente utilizada a pesar de que existen otras criptomonedas como Litecoin, Ripple y Dogecoin.

Lo que la mayoría de la gente no sabe es que el desarrollo de las criptomonedas se produjo como un efecto secundario de otro invento. En su documento técnico de 2008, Satoshi dice que creó "un sistema de pago/efectivo eléctrico de igual a igual". Su innovación creó un sistema de efectivo digital descentralizado, algo que muchos antes habían intentado y no habían logrado.

Su decisión de crear este sistema de pago condujo al nacimiento de las criptomonedas y, como dice Satoshi en un correo electrónico a **Dustin Trammel**, un usuario pionero de Bitcoin, las criptomonedas probaron ser el eslabón perdido en la creación de efectivo digital descentralizado.

El efectivo digital funciona de la siguiente manera: para mantener un sistema de efectivo digital que funcione correctamente, necesita tres cosas: cuentas, saldos y transacciones. Como comentamos anteriormente, un problema clave que enfrentan los sistemas de efectivo digitales es el problema del doble gasto: asegurarse de que los usuarios no puedan gastar dinero más de una vez. En un sistema de caja digital normal, el sistema utiliza un servidor central como depósito de registros de saldos.

El sistema de pago en efectivo digital descentralizado que creó Satoshi eliminó la necesidad de un servidor central y, en su lugar, utilizó un modelo de igual a igual en el que cada nodo (computadora) de la red jugaba un papel en el procesamiento de registros. En este sistema, cada computadora en la red de pares mantiene un historial de todas las transacciones y verifica que todas las transacciones sean válidas y, al hacerlo, ayuda a evitar el problema del doble gasto. Para lograr esto, las computadoras en la red tienen que lograr un consenso.

Descubiertas hasta su mínimo simple, las criptomonedas son entradas en un libro de contabilidad público que nadie puede cambiar a su voluntad, y en los casos en que alguien tenga que cambiar las entradas, él o ella debe cumplir con las condiciones específicas preestablecidas.

Para cuantificar esto, considere el dinero que tiene en su cuenta bancaria de moneda fiduciaria; dichos fondos no son más que entradas en una base de datos que solo pueden cambiar cuando se cumplen condiciones específicas. Por ejemplo, cuando retira una cantidad específica de dinero de su cuenta bancaria, si no tiene fondos suficientes, la transacción no se procesará porque el comando no cumple con las condiciones específicas. En este caso, la condición es equilibrio suficiente. El dinero, en cualquier forma, no es más que entradas en una base de datos que tiene tres criterios principales: cuentas, saldo y transacciones.

Cómo Funcionan Las Criptomonedas

En este punto del libro, sabe mucho sobre cómo funcionan las criptomonedas porque, en esencia, utilizan las modalidades de trabajo de la red de blockchain.

Específicamente, una criptomoneda basada en blockchain como Bitcoin opera en la premisa de una red de igual. Cada uno de los nodos (computadoras) en la red tiene un registro histórico completo de cada transacción en su historial y, por lo tanto, tiene el historial del saldo en cada cuenta o billetera. Por decirlo de un modo más simple, una transacción es un archivo que dice que X le da a YZ cantidades de Bitcoins y usa su clave privada para firmar este archivo, lo que lo hace auténtico. Después de que X firma el archivo, el archivo se transmite a la red de un igual a otro, dejando un historial de las transacciones.

Dado que las criptomonedas están descentralizadas, en lugar de estar bajo el control de las instituciones financieras o los gobiernos, utilizan las matemáticas, y aunque son similares a las monedas fiduciarias en que su valor se aprecia y se deprecia frente a las monedas fiduciarias, su escasez depende de las matemáticas en lugar de las políticas monetarias centralizadas o la influencia de uno u otro grupo.

Su valor no depende de la disponibilidad de oro u otros bienes físicos, y los gobiernos no pueden crearlos como lo harían con las monedas normales. Lo anterior se debe a que, como hemos establecido, las criptomonedas utilizan sistemas transaccionales P2P (igual a igual) independientes de terceros.

Dado que se conducen en la blockchain, para garantizar la legitimidad de cada transacción, utilizan complejos rompecabezas/ecuaciones matemáticas para vincular las cuentas con la cantidad de moneda digital que el titular de una cuenta desearía realizar. Al igual que la tecnología blockchain —después de todo, usan la misma tecnología—, el sistema usa la potencia de cálculo de los mineros para resolver estas ecuaciones y, a cambio, los mineros obtienen una parte de la criptomoneda.

Aquí presentamos una ilustración de cómo los mineros crean nuevas monedas y confirman transacciones dentro de la red de criptomonedas:

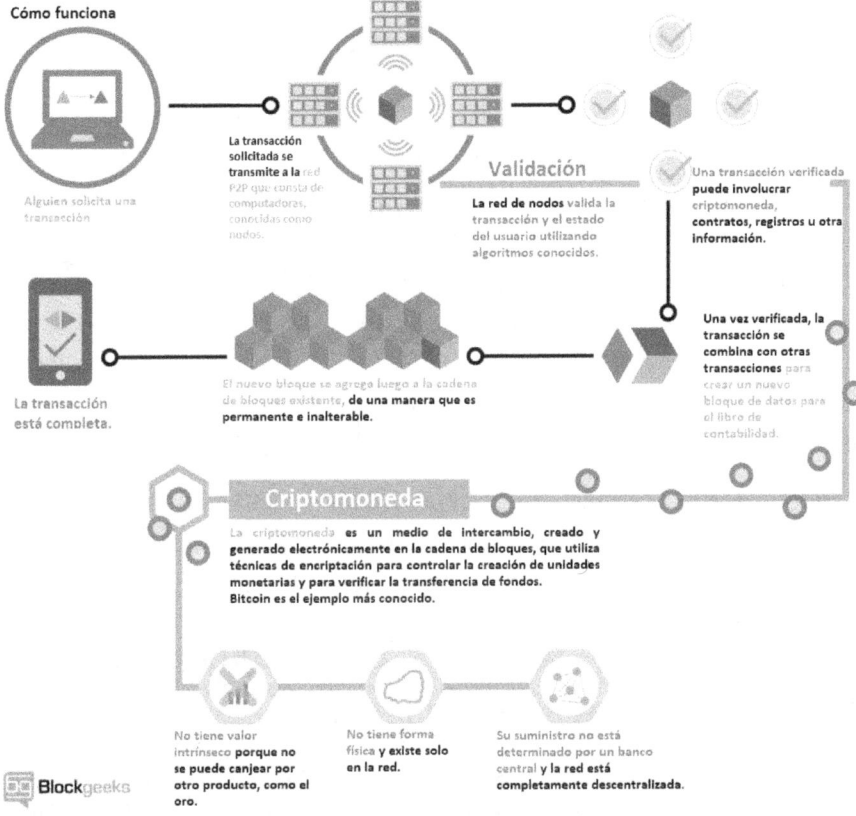

Dado que una red descentralizada carece de una autoridad que decide quién debe hacer qué, cualquier persona con capacidad informática puede convertirse en minero. Claramente, esto presenta un problema porque aquellos con mayor potencia informática dominarían la red, convirtiéndose así en autoridades, lo que anularía el propósito de la descentralización (ya hablamos de esto antes). Esto significa que cada red de criptomoneda debe tener instalado un mecanismo que impida que las personas con mayor potencia informática puedan controlar la red.

Para superar este obstáculo, Satoshi creó una regla que establece que los mineros deben invertir una buena cantidad de trabajo (lo que llamamos un hash, una clave o función criptográfica cuyo propósito es conectar bloques individuales entre sí y luego al bloque: prueba de trabajo) antes de calificar para la tarea. En la criptomoneda de Bitcoin, esto funciona en **SHA 256 HASH ALGORITHM**.

Comprender cómo funciona SHA 256 no es importante en este momento. Lo importante es saber que forma la base del rompecabezas que los mineros de Bitcoin trabajan para resolver. Después de resolver el hash, los mineros construyen el bloque agregando el hash al bloque resuelto, y luego lo transmiten a la red para agregarlo a la blockchain. Para resolver el hash y construir el bloque, el minero gana monedas (esencialmente, dicho minero tiene el derecho de agregar una transacción de coinbase y, al hacerlo, recibir un número específico de Bitcoins o cualquier criptomoneda).

Antes de explicar cómo las criptomonedas basadas en la tecnología blockchain están cambiando nuestro uso actual y futuro del dinero, analicemos cómo funciona una transacción estándar de Bitcoin.

Ciclo de Vida de Bitcoin: Cómo Funcionan las Transacciones de Criptomoneda

Dado que los Bitcoins son las formas más populares de criptomonedas, esta subsección se concentrará en detallar cómo funciona una transacción de Bitcoin.

El uso y la transferencia de Bitcoins (y otras criptomonedas) requieren una Cartera. Lo que la mayoría de la gente ignora es que, contrariamente a la creencia popular, los Bitcoins no existen en ninguna parte (de hecho, son inexistentes) y, en cambio, lo que tenemos son registros de transacciones de Bitcoin entre diferentes direcciones de Bitcoin. Las transacciones como registradas tienen saldos crecientes y decrecientes; la única forma de calcular el equilibrio dentro de una determinada dirección de Bitcoin sería recrear la blockchain, lo que requeriría una gran potencia informática y trabajo.

Las transacciones dentro del sistema de bitcoin tienen tres elementos clave: (1) la entrada, esto registra el origen de la transacción (la dirección de Bitcoin), (2) la cantidad de Bitcoin negociada, y (3) la dirección de Bitcoin del destinatario (llamada la salida).

Para enviar o recibir Bitcoins, necesita dos cosas: una dirección (una dirección de Bitcoin) y una clave privada. Como se mencionó anteriormente, la dirección de Bitcoin es una serie de números y letras aleatorios. La forma más fácil de obtener una dirección de Bitcoin es inscribirse en una billetera de Bitcoin. Algunas de las mejores opciones incluyen Bitcoin Wallet, CoPay y las **otras carteras enumeradas en este sitio**. La clave privada también viene con la billetera, pero, a diferencia de la dirección de Bitcoin que puede compartir con las personas a quienes solicita el pago, la clave privada es exactamente eso, privada, y como tal, no debe compartirla con nadie.

Al enviar bitcoins a alguien, lo que significa que le está enviando a la persona un archivo cifrado, usted utiliza la clave privada para firmar el archivo. Si no utiliza una clave o si la clave que utiliza es incorrecta, la transacción fallará. Las carteras han hecho que la idea de enviar Bitcoins sea fácil; todo lo que tiene que hacer es iniciar sesión en la billetera, seleccionar la opción de envío, ingresar una cantidad, firmar el archivo y luego enviarlo a la red donde, si la transacción tiene suficientes tarifas transaccionales, los mineros verificarán la transacción y la colocarán en el libro de contabilidad. Una combinación de transacciones conforma el rompecabezas criptográfico que, una vez resuelto, conduce a la creación de nuevas blockchains y monedas adicionales. Así es como funcionan las transacciones de Bitcoin.

El siguiente enlace tiene una infografía muy valiosa sobre el ciclo de vida de una transacción de Bitcoin.

http://bitcoinfographics.com/en/transaction-life-cycle/

Como hemos comentado, y como este libro lo ha mostrado, las tecnologías y el dinero basados en blockchain serán una parte integral de nuestro futuro. Esto significa que, para asegurarse de estar preparado para el futuro, debe aprender todo lo que pueda sobre estas monedas. Este libro ha hecho un buen trabajo probando este punto.

Para completar el conocimiento en este libro, acabaremos discutiendo cómo comenzar a invertir en criptomonedas (en qué monedas invertir) y cómo invertir en blockchain.

Cómo Invertir en Blockchain y Criptomonedas

La rápida adopción de tecnologías basadas en blockchain como Bitcoin significa que estas tecnologías darán forma a nuestro futuro de muchas maneras. Esto también significa que el mejor momento para invertir en ellas es ahora. Como ejemplo, a principios de marzo de 2017, 1 BTC valía $1.000. En agosto, el mismo cotizaba a $4.400 por dólar; esto significa el valor estimado por más de $3.000.

Sin embargo, como nota, invertir en criptomonedas es diferente a invertir en acciones, ya que toma una forma diferente. Invertir en una compañía significa que usted está comprando las acciones de esa compañía, lo que también significa que usted es dueño de una parte de esa compañía. Cuando invierte en criptomonedas, invierte en algo diferente: cuando invierte en Bitcoins, compra la moneda virtual; cuando invierte en Ethereum, obtiene gas, el poder que ejecuta los contratos inteligentes y las aplicaciones descentralizadas, y eso se traduce en Ether, la criptografía de Ethereum.

Para intercambiar criptomonedas, debe crear una cuenta con uno de los **diversos intercambios dedicados**, como Kraken, GDAX y Gemini. Estos intercambios le permiten usar monedas fiduciarias para comprar bitcoins y luego cambiarlas a monedas fiduciarias cuando venda sus bitcoins. Las mejores criptomonedas para invertir incluyen **Bitcoins**, **Ethereum**, **Litecoin**, **Monero**, **Bitcoin Cash**, **Ripple**, y **Zcash**.

Por otro lado, como hemos mencionado, blockchain es la tecnología con la que se utilizan las criptomonedas; puede invertir en blockchain sin tener que invertir su dinero en comprar criptomonedas. Por ejemplo, puede invertir en startups basadas en blockchain. Puede encontrar algunas de estas nuevas empresas en plataformas de financiación colectiva como **BNKToTheFuture**. Otra forma de invertir en estas nuevas empresas es invirtiendo ICOs (ofertas iniciales de monedas) de nuevas tecnologías de blockchain. Las compañías que desarrollan tecnologías basadas en blockchain a menudo emiten tokens o criptomonedas como una forma de aumentar el capital de desarrollo. Si bien esta forma de inversión es arriesgada, los rendimientos son estelares.

Si desea invertir en compañías basadas en blockchain, las mejores opciones son **BTCS, Global Arena Holding, DigitalX, BTL Group, Coinsilium Group**, y **First Bitcoin Capital**.

Obviamente, invertir en estas nuevas tecnologías requerirá la debida prudencia. No se involucre en un intercambio de una criptografía específica ni invierta en un inicio específico de blockchain si no está seguro de lo que está haciendo; esa es una receta para el fracaso y pérdidas masivas. Además, si compra Bitcoins (y otras criptomonedas) bajas, manténgalas, no sea un comerciante de día que negocie cuando el valor se mueva solo unos pocos puntos. Como se vio anteriormente, en el lapso de aproximadamente 3 meses, el valor de Bitcoin saltó de menos de $1.000 a más de $4.400. Básicamente, esto significa que invertir en estas tecnologías no es para los débiles de corazón ni para los que buscan ganancias rápidas.

Conclusión

Esta guía le ha proporcionado toda la información que pueda desear sobre la historia del dinero, blockchain, las criptomonedas y, a lo largo de esta discusión, usted vislumbró lo que nos depara el futuro. Use esta información para educarse y educar a los demás. Si se siente motivado, invierta en esta tecnología porque, si la evidencia es importante, las tecnologías basadas en blockchain cambiarán nuestra vida cotidiana más en la forma en que vemos, usamos e incluso almacenamos dinero.

www.ingramcontent.com/pod-product-compliance
Lightning Source LLC
LaVergne TN
LVHW051917060526
838200LV00004B/185